홍정민이 만난 이재명의 사람들
대한민국 코너스톤

대한민국 코너스톤

홍정민이 만난 이재명의 사람들

홍정민 지음

메디치

○

추천사

21·22대 더불어민주당 국회의원 이소영

사랑하는 홍정민 전 의원의 책에 추천사를 쓰게 되다니, 저에겐 큰 영광이자 기쁨입니다. '정치도 결국 사람이 하는 것이고, 좋은 사람이 좋은 정치를 할 수 있다.' 지난 6년간 제가 여의도에서 배운 것이고, 그 배움의 과정에는 홍정민 의원이 늘 함께했습니다.

이 책《대한민국 코너스톤》은 정치의 본질이 결국 '사람'이라 말하고 있습니다. 또한 자신의 자리에서 헌신하는 우리 정치의 '코너스톤'들에게서 희망을 발견하고자 하는 저자의 진실한 마음이 엿보입니다.

　우리는 왜 정치를 하는가. 2020년 초 이 책의 저자인 홍정민 의원과 제가 처음 만나 나누었던 고민입니다. 우리는 그 답을 찾는 과정에서 고양되기도 좌초되기도 하지만, 그 길을 묵묵히 걷고 있는 애틋한 동료 홍정민의 모든 진심과 노력을 힘껏 응원합니다.

김영진 더불어민주당 교육연수원장

이 책 《대한민국 코너스톤》은 시련의 순간에도 대한민국의 헌정 질서를 지켜내고 새로운 희망을 설계하고자 했던 동지들의 투쟁과 신념을 담아낸 귀한 기록입니다. 이 책이 출간된 12월 3일의 의미는 막중합니다. 우리에게는 잊을 수 없는 비상계엄의 순간이자 정권교체를 가능하게 한 역사의 변곡점입니다.

이 책에는 김병주 최고위원의 계엄 대비 비화가 담겨 있고 김민석 총리와 이재명 대표의 선구안과 결단이 만일의 사태에 대비하며 민주주의를 지켰음을 보여줍니다. 윤석열 파면 선고의 주역인 김형두 헌재소장 권한대행의 이야기는 법치와 정의가 어떻게 국가의 근간을 바로 세우는지를 보여줍니다. 이재명 대표를 중심으로 한 '사람들'의 강한 정책 능력과 흔들림 없는 의지가 있었기에, 우리는 국가적 변고의 순간에도 대한민국을 지켜낼 수 있었습니다.

이 책은 단순한 인물평을 넘어, 우리가 나아가야 할 길을 정책과 비전, 그리고 인간적인 신뢰의 관점에서 제시하고 있습니다. 대통령실, 내각, 여의도 등 각자의 자리에서 치열하게 싸워온 동지들의 이야기를 통해, 독자 여러분은 민주당의 강력하고 실용적인 리더십의 실체를 확인하게 될 것입니다.

이 책에 등장하는 사람들은 우리 시대의 정치적 책임감과 도덕적 용기를 갖춘 인재들의 자화상이며, 앞으로 대한민국이 나아가야 할 길을 비추는 나침반입니다. 미래를 준비하는 실력과 위기에 맞서는 의리로 뭉친 이 '코너스톤'들의 이야기가 독자 여러분에게 신뢰와 희망을 줄 수 있기를 바랍니다.

프롤로그

어려운 시대를 함께 걸어가는 사람들의 이야기

국회의원 임기를 2024년 5월에 마치고, 미국 네브래스카 주립대학(UNO) 행정학과로 방문연구(visiting scholarship)를 다녀오고 나니 시간이 많아졌고, 처음으로 하루가 길게 느껴졌다. 국회의원 임기 중에 매일 시민들과 당원들을 향해 2~3개씩 올리던 보고용 페이스북도 멈췄다. 늘 하던 일들이 사라지자 시간은 느리게 흘렀다.

그제야 보였다. 그동안 얼마나 빠르게 달려왔는지, 그리고 그 속에서 얼마나 많은 사람들을 스쳐 지나왔는지. 국회를 떠난 뒤 처음으로 생각할 틈을 얻었다. 그때 문득 떠오른 건, 함께 일했던 사람들의 얼굴이었다. 대선 캠프에서, 국회에서, 그리고 거리의 현장에서 함께했던 이들. 국회에 들어오기 전에 TV나 기사로만 봤던 정치인들을 직접 접하고 나서 그분들의 절실하게 노력하는 모습과 때로는 평범하고 인간적인 모습을 내가 정치 후배로, 동료로 옆에서 지켜보며 느낀 감정들을, 그들의 이야기를 누군가에게 해주고 싶다는 생각이 들었다.

"정말 괜찮은 사람들이야."

나는 2020년 봄, 초선 국회의원으로 정치의 문을 열었다. 원내대변인으로 일하며 배운 건 말보다 사람의 무게였다. 2021년에는 제20대 대선에서 이재명 후보 캠프의 대변인을 맡았다. 그곳에서 만난 사람들은 각자의 방식으로 최선을 다했다. 누군가는 밤새 정책 초안을 고치고, 누군가는 현장에서 목이 쉬어가며 시민들과 마주했다. 현장은 늘 떠들썩했고, 때로는 거친 말이 오갔지만 그 안의 진심만큼은 언제나 단단했다.

그러던 중 2024년 12월 3일, 비상계엄을 선포한다는 뉴스를 보았다. 그날 밤, 한동안 화면을 바라보며 말을 잃었다. 처음엔 나라 걱정이 들었다. 하지만 곧 마음은 뉴스에서 비추고 있는 국회 안으로 향했다. 내가 함께 일했던 사람들, 내가 믿는 사람들이 그 안에 있었다. 혹시나 그들이 다치진 않을까, 무력과 공포 속에서 또 다른 상처를 입지는 않을까 걱정이 앞섰다. 국민을 보호해야 할 정치가 오히려 두려움의 대상으로 바뀌는 모습을 지켜보며, 그동안 내가 믿어온 '정치의 역할'에 대해 깊이 생각했다. 정치가 얼마나 쉽게 사람의 일상을 흔들 수 있는지 그 무게를 다시 느꼈다.

그리고 반년 뒤인 2025년 6월 3일, 캠프에서 미력이나마 도운 이재명 후보가 드디어 대통령으로 당선되었다.

"이제 조금은 나아질 수 있겠구나."

그날 밤, 지난 20대 대선부터 21대 대선까지 힘을 모았던 분들의 얼굴들이 하나씩 떠올랐다. 함께 뛰었던 동료들, 밤을 새우며 버티던 사람들, 그리고 끝까지 희망을 놓지 않던 이들. 다시금 그들이 자랑스러웠다. 그래서 다음 날, 6월 4일에 첫 글을 썼다. 글의 주인공은 강훈식 비서실장이었다.

캠프 시절부터 강훈식 의원님과는 여러 번 마주했다. 언제나 차분했고, 언성을 높이는 법이 없었다. 결정의 순간이면 늘 감정보다 판단이 앞섰고, 말보다 신뢰로 사람을 이끄는 리더였다. 나는 이재명 대통령님이 비서실장으로 강훈식 의원님을 지명했다는 소식을 듣고 단순히 "잘 됐다", "축하한다"는 말을 남기기 싫었다. 그보다는 '내가 아는 강훈식 의원은 이런 면도 있는데, 그걸 다른 사람들도 알게 되면 좋겠다'는 마음이 더 컸다. 그가 보여준 단단한 중심, 말보다 행동으로 신뢰를 쌓아온 시간을 기록해두고 싶었다. 페이스북에 쓰기 시작한 이유는 여러 가지가 있었지만 가장 큰 이유는 '내 공간에서 내 마음대로 쓸 수 있는 이야기'였기 때문이다. 그렇게 첫 글이 시작되었다.

그날 이후로 나는 매일 한두 사람을 떠올렸다. 캠프에

서, 국회에서, 그리고 현장에서 함께했던 동료들의 이름을. 이재명과 함께 걷는 사람들, 각자의 자리에서 묵묵히 자신이 맡은 역할을 다하는 사람들. 그들의 이야기를 글로 남기기 시작했다. 그런데 SNS에 글을 올릴 때마다 의외의 반응이 있었다.

"이분의 이런 일화는 처음 들어요."

"이런 글을 보니 조금은 마음이 따뜻해집니다."

정치의 언어로는 전하지 못했던 마음이 사람의 언어로 전해지고 있었다. 그리고 그 반응들이 내게 다시 용기를 주었다.

"홍의원, 내 얘기도 한번 써봐." 어느 순간부터는 농담이지만 본인 얘기도 써달라는 사람들도 생겼다. 어떤 분은 "내가 그렇게 대단한 사람도 아닌데, 그렇게 봐주다니 놀랐어. 어떻게 그런 일을 다 기억하고 있었어? 고맙네."라고 쑥스러워 하기도 하셨다. 그런 반응들이 고마웠고, 누군가가 내 글을 기다린다는 사실, 그것만으로도 이 글을 계속 써야겠다는 마음이 굳어졌다.

특히 이재명 대통령에 대한 글은 예상보다 큰 반향을

일으켰다. 한 언론사가 그 글을 기사화했고, 여러 블로그와 커뮤니티에 퍼졌다. 나는 그저 한 사람으로서 느낀 인상을 적었을 뿐이었지만, 많은 이들이 그 글을 '정치의 기록'이 아니라 '사람의 이야기'로 읽어주었다. 그 순간, 이 글이 나 혼자만의 기록이 아니라 우리 시대를 함께 살아가는 사람들의 기억이 될 수도 있겠다는 생각이 들었다.

이 책은 이재명 정부와 국회의 한가운데에서 각자의 자리를 묵묵히 지키며 함께 걷는 사람들에 관한 기록이다. 이재명과 함께 걷는 사람들, 나는 그들이 대한민국을 든든하게 떠받치는 코너스톤(기초석)으로 지금 이 시대의 균형을 다시 세우고 있다고 믿는다.

시대가 어렵고 경제가 어렵다. 그래도 이렇게 열심히 하는 따뜻한 사람들이 국정의 한 자리를 담당하고 있다는 사실이, 힘든 시기를 보내고 있는 국민들에게 조금이나마 위안이 될 수 있지 않을까 기대해본다.

2025년 12월
홍정민

차례

추천사 • 4
프롤로그 어려운 시대를 함께 걸어가는 사람들의 이야기 • 8

1장   대통령실 사람들

큰 고비에도 힘든 내색을 하지 않는 의연함: 이재명 대통령, 이야기 하나 • 18 잠만 안 자는 것이 아니라 감말랭이로 식사를 때우는 워크홀릭: 이재명 대통령. 이야기 둘 • 27 혼자 남더라도 끝까지 최선을… 지정생존자 일화: 강훈식 비서실장 • 35 당을 위한 헌신과 정치 후배에 대한 따뜻한 배려: 우상호 정무수석 • 46 빨리 가려면 함께 가야 한다는 경제전문가: 하준경 경제성장수석 • 52 대통령만의 챗GPT라는 별명을 얻은 AI전문가: 하정우 AI미래기획수석 • 57 이재명 대통령 선거 프로 참석러이자 금융전문가: 김병욱 정무비서관 • 62 이재명 대통령 당선을 예언한 만능 해결사: 권혁기 의전비서관 • 67 외교, 안보, 경제를 아우르는 외교계의 인재: 임웅순 국가안보실 2차장 • 75 위기 상황에서 잔다르크 같았던 용감한 여성 정치인: 안귀령 대통령실 부대변인 • 81

2장   국민주권정부 사람들

빛의 혁명을 완수한, 시대를 앞서간 능력자: 김민석 국무총리 • 88 따뜻한 올어라운더, 이재명 정부의 숨은 조력자: 윤호중 행정안전부장관 • 95 조직관리와 국방에 진심인 성공한 밀덕: 안규백 국방부장관 • 102 환경에 올인한 '이재명표 기후정책'의 설계자: 김성환 기후환경에너지부장관 • 108 믿고 쓰는 집권 여당 일꾼이자 집념의 부산

사나이: 전재수 해양수산부장관 • 113 제대로 매운맛, 행동하는 학자: 주병기 공정거래위원장 • 118 약자의 눈높이에서 할 말과 할 일을 하는 사람: 최혜영 국무총리실 공보실장 • 125

3장 여의도 사람들

헌법을 사랑한 이재명의 친구: 정청래 당대표 • 132 측은지심과 시대정신을 가진 리더: 김병기 원내대표 • 140 손자병법을 마스터한 전략가, 계엄을 대비하다: 김병주 최고위원 • 147 친절한 찬대씨에서 대선을 거치며 투사가 되기까지: 박찬대 전 원내대표 • 152 의리 넘치는 프로 일잘러: 김영진 교육연수원장 • 160 병역명문가 출신의 남다르게 충실했던 의정생활: 김민기 국회사무총장 • 169 현실을 아는 이상주의자, 이 시대의 휴머니스트: 홍성국 최고위원 • 180 양평고속도로 저격수에서 자본시장 지킴이로: 이소영 국회의원 • 187 지역 장악력이 확실하고 겸손한 정치 엘리트: 허영 원내정책수석 • 195 전투력 만렙, 그러나 따뜻한 국제전문가: 강선우 국제위원장 • 201 실력 있고, 사람들이 좋아하면 잘 되는 것 같다: 울릉도 모임 • 208

4장 계엄과 탄핵 과정에서 기억하고 싶은 사람들

윤석열 파면선고의 주역인 공판중심주의자: 김형두 헌재소장 권한대행 • 216 법조3륜, 대한변협회장의 사법개혁 철학: 김정욱 대한변호사협회 회장 • 226 김장하 선생님 전시와 계엄 1주년 기념전시: 정요섭 아르떼숲 관장 • 233

1장

대통령실 사람들

이재명 대통령 ·강훈식 비서실장 ·우상호 정무수석
·하준경 경제성장수석 ·하정우 AI미래기획수석 ·김병욱 정무비서관
·권혁기 의전비서관 ·임웅순 국가안보실2차장 ·안귀령 대통령실 부대변인

큰 고비에도 힘든 내색을
하지 않는 의연함

이재명 대통령, 이야기 하나

2025년 4월 2일, 도널드 트럼프 미(美) 대통령은 "불공정한 무역 관행에서 벗어나겠다"며 세계 주요 국가를 상대로 관세 전쟁을 시작했다. 대다수 수입품에 기본 상호 관세 10%를 부과하고 자동차 품목 관세는 25%, 철강·알루미늄 품목 관세는 50%로 인상했다. 특히 8월부터는 국가별로 협상을 통해 상호 관세를 정하겠다고 선언했다. (실제로 트럼프는 8월부터 스위스에는 39%, 인도·브라질에 대해서는 징벌적 추가 관세가 더해진 50%의 상호 관세 부과를 단행했다.)

일본 등 주요국은 트럼프 임기가 시작된 2월부터 무역 협상을 위해 백방으로 노력해왔다. 그런데 우리나라는 윤석열 전 대통령의 12·3 내란으로 2024년 12월 14일 윤석열 탄핵소추안이 의결된 상황이었다. 탄핵소추 의결로 피청구인 윤석열은 현재의 심판이 있을 때까지 권한 행사가 저지되었고, 2025년 4월 4일 헌재의 결정에 따라 파면되었다.

2025년 6월 4일 이재명 대통령의 임기가 시작되기 전까지 대한민국은 권력 공백 상태였고 한·미 협상의 진행은 불가능했다. 인수위도 없이 출범한 이재명 정부가 미국과 협상할 수 있는 기한은 2개월도 채 남아 있지 않았다. 그런 악조건 아래서 2025년 8월 1일 관세 유예 종료 시한을 앞두고 7월 말에 한·미 관세 협상이 전격 타결되었다. 일본, EU가 트럼프와 관세 협상을 끝낸 상태라, 당시 온 국민이 우려 섞인 마음으로 지켜보고 있었다.

한미 양국은 종료 시한 직전 협상을 타결했는데, 상호

관세를 25%에서 15%로 낮추기로 했고 이는 앞서 합의된 주요 수출 경쟁국 일본·EU와 동일한 수준의 관세율이었다. 이재명 대통령은 당시 관세 협상 타결 직후 "큰 고비를 넘었다"고 소회를 밝혔다. 협상 과정에서 느꼈던 어려움을 털어놓으면서 이가 흔들릴 정도였다고 말하기도 했다. "촉박한 기간과 녹록지 않은 여건에서 국익을 최우선으로 협상에 임했다"고 강조하며, "이번 협상을 계기로 국력을 키워야겠다는 생각을 했다"고도 말했다.[1]

이러한 상황은 7월 31일 열린 장·차관 워크숍에서 이재명 대통령이 특별 강연자로 강연하는 과정에서 영상을 통해 밝혀졌다. 이재명 대통령은 "제가 이가 흔들려 가지고 말을 안 해서 그렇지, 가만히 있으니 진짜 가마닌 줄 안다. 제가 말을 하면 악영향을 주니까 말을 안 한 것이다"라고 밝혔다. '진짜 가마니인 줄 안다'는 언급에는 폭소가 터져 나오기도 했다. 그동안 국익을 위해 얼마나 의연하게 노력했는지를 엿볼 수 있는 대목이었다.

---

1. MBN, 2025.7.31. 이재명 대통령 "큰 고비 넘어…이가 흔들리기도"
https://v.daum.net/v/20250731191930682

2022년 8월 초, 당시 이재명 의원님이 찍어주신 셀카

　사진은 2022년 3월 대선과 같은 해 6월 지방선거와 국회의원 보궐선거를 치르고 여의도에 입성한 지 얼마 되지 않았던 8월 초 이재명 의원님의 모습이다. 당시 이재명 의원님은 2021년 5월 초부터 11개월 동안의 치열한 경선과 대선 기간을 보내고, 2022년 6월 1일 지방선거에서 전국 지원 유세를 하고, 이어서 자신의 보궐선거도 치르며 거의 진이 다 빠져 있었다. 그런데 윤석열 정부가 들어선 직후

검찰 수사가 여러 건이 동시에 진행되어, 2022년 8월엔 거의 잠을 못 주무신다고 하셨다. 수사 대응을 위한 변호인 의견서 등 서면들을 직접 마지막까지 다 검토하고 수정해야 했기 때문이었다.

그럼에도 경선캠프 때 함께했던 동지들에게 국회의원 당선 기념으로 밥을 사주시며, 스스로 보궐이라 0.5선이라며 2년 전 당선된 동료지만 선배 의원님들을 잘 모시겠다고 농담도 하고 많이 웃으셨다. 힘든 내색을 전혀 하지 않으신 거다. 나에게도 경선부터 거의 11개월 동안 정말 고생이 많았다고 고마워서 어쩌냐며 셀카를 찍어주셨는데, 내가 셀카를 잘 못 찍으니 대통령님은 내 폰을 들고 능숙하게 대신 찍어주셨다.

통상 협상 기간 동안 속으로는 이가 흔들릴 정도로 고민되셨을 텐데 무거운 책임감으로 끝까지 내색하지 않고, 미국 당국에도 의연하게 대처하고 대한민국 국민도 동요하지 않도록 흔들림 없이 대하는 대통령님의 모습에서 3년 전 그때가 생각났다.

참고로 대통령님은 저 사진 찍으시면서 "이러면 내 얼굴이 너무 크게 나오는 거 아닌가? 이거 올릴 때 나중에 보정해줘요." 하셨는데, 대통령님, 제가 포토샵 기술이 부족해서 얼굴 크기 보정하는 작업은 역량이 안 되어 죄송합니다.

정치인들에게 유독 가혹한 검찰

나는 검찰에 증인으로 불려가 법정에서 증언을 한 경험이 있다.[2] 언론은 이렇게 보도했다. "검찰은 대선 당시 현장대변인을 맡았던 민주당 홍정민 의원 증인 신문에서 예상 답변을 준비했느냐고 물었지만, 홍 의원은 정확히 기억나지 않는다고 증언했다. 당시 이재명 후보와 방송국에 동행한 홍 의원은 방송 직전 SBS 측으로부터 대본을 받은 적이 없다고 했다."

검찰은 방청객도 많은 공개법정에서 증인인 나의 신빙성을 탄핵하기 위해 여러 가지 질문을 했는데, 그중 몇 가지는 이런 식이다.

검사: 증인, 증인이 만약 사전에 대본을 받지 않았다면 앵커가 피고인(이재명 당시 대선후보)에게 기습 질문하는 것을 제지했어야 하는데 그렇지 않았죠? 그러니 이미 사전에 질문지를 받았다는 뜻 아닌가요?

나: 아니 검사님, 공중파 생방송 중에 예상한 질문이

---

2. 〈한국경제〉, 2023.8.23. "김문기 아느냐"에 "몰랐다"… 이재명 재판 '즉흥답변' 공방 https://www.hankyung.com/article/202308250287Y

2023년 9월 단식 직후 재판에 출석한 이재명 당대표님

아니라고 어떻게 제가 뛰어들어 앵커한테 그런 질문 하지 마시라고 합니까? 상식적으로 말이 됩니까?

다른 검사: 증인은 지금 묻는 말에 제대로 답변하세요.

검사: 증인, 저 방송 끝나고 피고인에게 혼났습니까? 혼나지 않았다면 예상했던 질문이었던 것 아닙니까?

나: 저는 대선 기간 내내 후보님 수행하면서 혼난 적이 한 번도 없습니다.

다른 검사: 증인, 똑바로 대답 안 해요? 질문의 취지를 제대로 이해하고 답하세요.

검사석에 있던 5명 정도의 검사들이 같은 질문을 계속 반복하며, 이런 유치하고 무의미해 보이는 질의 공방이 30분째 이어지자 재판장이 이제 그만 정리하라고 했다. 그러자 한 검사가 다시 물었다.

검사: 마지막으로 한 가지만 더 묻겠습니다. 이 사실확인서는 어떻게 작성한 것인가요? 의원실 컴퓨터로? 아니면 집에서 작성했습니까?
나: 휴대폰으로 작성했습니다.
검사: ?? 증인, 거짓말하지 마세요. 휴대폰으로 문서를 어떻게 작성합니까?
나: 저는 늘 이동 중이라 휴대폰으로 대변인 논평도 쓰고, 보도자료도 쓰고 다 합니다. 저기 있는 사실확인서보다 훨씬 긴 글도 다 휴대폰으로 주로 작성합니다.
검사: 좀 이상한데요.
재판장: 그만하시죠.

공개 법정에서조차 정치인들을 심문할 때 피고인뿐 아니라 증인에게도 매우 위압적이고 부당하게 대하는 검찰의 모습을 엿볼 수 있다.

○

잠만 안 자는 것이 아니라
감말랭이로 식사를 때우는 워크홀릭

이재명 대통령, 이야기 둘

이재명 대통령은 취임 직후인 2025년 6월 11일 대통령실 직원의 과로로 인한 건강 이상 소식을 접하고 "안타까움과 함께 무거운 책임감을 느낀다"며 "건강 회복에만 집중해주길 바란다"고 밝혔다. 그런데 이 소식을 전하는 기사에 '이 대통령은 이틀째 밤늦게까지 SNS를 통해 직접 메시지를 전하고 있었다'는 코멘트가 달려 있었다.[3] 나는 이 기사를 보고 이재명 대통령님이 당신 건강보다는 일에만 매달리는 성격이라 걱정이 되었다.

2022년 대통령 선거기간 동안 나는 이재명 대선후보의 현장대변인이었기에 이재명 후보를 가까이에서 살피면서 조언을 드려야 하는 입장이었다. 대선 기간 내내 이재명 후보님은 밤늦게까지 잠도 안 주무시고 지지자들이 보내신 문자, 카톡, 텔레그램들을 모두 확인하셨고 심지어 답을 보내주시는 경우도 많았다. 그리고 캠프의 각 여러 단위에서 올라온 정책, 일정, 이슈들에 대해서도 모두 챙기시고 필요한 내용들은 직접 검토하셨다. 이재명 후보님이 하셨던 당일 연설이나 언론 인터뷰, 백브리핑 등에 대해 내가 작성해드린 피드백도 꼭 보셨다. 어느 날은 새벽 2~3시에 읽고 답장을 주시기도 했다.

이재명 후보님은 잠만 안 주무시는 것이 아니라 먹는 것도 잘 드시지를 않았다. 내 기억에 경선이 시작되기 한참

---

3. 〈파이낸셜 뉴스〉, 2025.6.12. 이재명 "대통령실 직원 과로로 쓰러져…무거운 책임감 느껴" https://naver.me/FYq0a04G

2022년 대선기간, 이재명 후보 차량 속 감말랭이와 곶감

전인 2020년, 경기도지사 시절 함께했던 저녁 식사 자리에서는 분명히 밤늦게까지 술도 잘 드시고 식사도 잘하셨다. 그런데 2021년 5월 본격적으로 경선이 시작되었을 때부터 대선이 끝날 때까지는 일부러 거의 하루도 술을 안 드셨다. 이유를 여쭤봤을 때, 맑은 정신을 유지해야 하기 때문이라고 답하셨다.

심지어 좋아하시던 커피까지 줄이셨다. 공식 선거운동 기간이 아닐 때는 선거법상 확성장치를 쓸 수 없이 육성으로 연설을 해야 하는데 커피를 많이 마시면 목소리 관리가 어렵다는 이유에서였다. 나는 임신했을 때도 커피는 끊을 수가 없어서 하루에 2잔씩 마셨는데….

후보님이 몸에 해로운 술이나 커피만 안 하면 좋을 텐데, 문제는 식사도 잘 못하셨다. 어느 날은 입맛이 없다고, 어느 날은 이동시간에 쫓긴다고 식사를 거르는 일이 많으셨다. 그나마 입맛에 맞고 시간이 절약되는 음식이 감말랭이라며 일정 이동 중에 감말랭이로 끼니를 때우는 일도 많았다.[4] 그도 그럴 것이 어느 날은 오전 11시에 경북 포항에서 유세를 시작해서 경주 → 대구 → 구미 → 안동에서 유세를 하고 영주에 저녁 8시 30분에 도착하여 그날의 마지막 유세를 하셨는데, 보통 하루 일정이 이런 식이었다. 지역 유세별로 최소 1시간 이상이 걸리고 이동 시간까지 감안하면 제 시각에 도착하는 것조차 촉박한 일정이었다.

당시 이재명 후보님은 "밥 먹을 시간에 유권자 한 명이라도 더 만나겠다"고 하시며 일정팀에 식사 시간을 따로

---

4. 〈한겨레신문〉, 2022.2.28. 이재명, 밥 욕심 없어 "식사 시간 따로 잡지 말라"
https://www.hani.co.kr/.../politics_general/1032971.html

2021년 11월. 이재명 후보는 충남 논산 화지시장, 나물 파시던 할머니 앞에 쪼그려 앉아 대화를 나누다가 갑자기 어머니 생각에 눈물을 왈칵 쏟았다.

잡지 말라고 지시하셨다. 하루는 어쩐 일인지 후보님 이름으로 식당 예약이 되어 있어서 갔더니, 한준호 수행실장 팀과 현장대변인인 우리 팀만 식당에서 식사를 하고 후보님은 식사를 거르신 적도 있었다.

그러던 어느 날, 이른 아침 일정에 후보님이 늦으신 일이 있었다. 전날 너무 무리를 해서 컨디션이 크게 안 좋아

2021년 11월, 이재명 후보에게 현장에서 브리핑하는 모습

졌던 것이다. 그래도 후보님은 일정을 취소하지 않고 늦게라도 그 일정들을 모두 소화하셨다. 오후쯤 되어서 컨디션이 좀 나아지자 원래 일정대로 강행군을 해서 소화할 수 있었던 것이었다.

나는 너무 걱정되어 "후보님, 괜찮으세요? 건강이 상하면 안 되니 좀 쉬기도 하시고 일정을 여유 있게 하시면 좋겠어요"라고 권해드렸다. 그런데 후보님이 정치 선배로서 마치 엄청난 비결을 알려주는 것처럼 재밌는 표정으로, "홍 의원님, 우리 부모님이 저한테 엄청난 걸 물려주셨는데요. 그 DNA가 체력이에요. 제가 체력 하나만큼은 자신 있어요. 아무리 피곤해도 자고 일어나면 쌩쌩하거든요. 그래서 부모님께 정말 감사해요"라고 하셨다. 결국 나는 더 이상 '건강 챙겨가면서 하시라'는 조언을 할 수가 없었다.

그래도 그때는 대선이 몇 달 안 남아서 단기전으로 버텨보자는 속셈이었는데, 지금은 앞으로 5년 동안 계속 무리하실까 봐 걱정된다. 내가 쓴 이 일화와 페이스북 글은 바로 그날 기사화되기까지 했다.[5]

실제 이런 이재명 대통령님의 모습은 자주 보인다. 취임 4개월 뒤 추석 연휴를 앞둔 시점의 국무회의 영상에서도 갑자기 대통령님이 "저도 샌드위치 데이에는 연휴 연차를 내서 공식적으로는 쉴 생각입니다. 여러분도 좀 쉬세요" 이렇게 말씀하시니 참모진들에게서 믿지 못하겠다는 웃음이 터져 나왔다.

---

5. 〈오마이뉴스〉, 2025.6.12. "이 대통령, 잠만 안 주무시는 게 아니라…" 홍정민 전 의원이 우려하는 이유 https://n.news.naver.com/mnews/article/047/0002477021?sid=100

그 뒤에 이어지는 대통령님 말씀이 더 진심 같았다. "예, 비상대기 업무나 이런 건 당연히 해야죠. 공직자가 솔직히 휴가, 휴일이 어디 있습니까? 자다가도 벌떡 일어나는 게 그게 공직이죠. 공직은 그런 겁니다"라고 하시니 국무회의 도중 결국 웃음바다가 되어버렸다. 이 모습도 대통령님이 가진 '일중독' 이미지와 '공직자의 책임감'을 유머러스하게 드러내면서도, 비상 상황에 대한 긴장도 늦추지 않는 모습을 엿볼 수 있는 일화이다.

○

혼자 남더라도 끝까지 최선을…
지정생존자 일화

강훈식 비서실장

이재명 대통령은 6월 3일 대통령 선거 당일 밤 11시경 당선이 확정되었고, 다음 날인 6월 4일 오전 국회 로텐더 홀에서 선서식 위주로 간략하게 취임식을 마쳤다. 대통령 임기가 바로 시작되면서 인수위도 없이 곧바로 집무를 시작하게 되었다. 이재명 대통령은 집무 시작과 동시에 초대 비서실장으로 충남 아산 출신 강훈식 의원을 지명했다. 그리

이재명 대통령이 6월 4일 서울 용산 대통령실 청사에서 열린 새 정부 첫 인사 발표에서 강훈식 대통령비서실장을 소개하고 있다.

고 언론에서는 강훈식 비서실장을 역대 최연소 비서실장으로 주목했다.

6월 4일 늦은 오후 TV 뉴스 속보에 "가장 젊은 비서실장… 73년생 강훈식"이라는 자막이 떴다. 뉴스 속보를 보면서, 나는 5년 전 강훈식 의원님을 민주당 수석대변인으로 처음 만났었던 일이 생각났다.

2020년 4월 15일, 나는 제21대 국회의원으로 당선되었고, 초선의원으로 더불어민주당 원내대변인이 되었다. 21대 국회 임기 시작은 5월 30일이었는데 그보다 빨리 원내대변인 직책을 맡으며, 5월 10일부터 당시 재선으로 당선된 강훈식 수석대변인과 함께 일을 하게 되었다.

내가 원내대변인이 된 지 3개월이 지났을 무렵인 2020년 8월 말경, 민주당 최고위원회 회의에 취재를 왔던 기자가 코로나19 확진판정을 받은 일이 있었다. 당시는 코로나19 확산 초기였고 엄격한 방역 지침이 시행되고 있었다. 전 국민이 '확진자와 밀접 접촉 시 자가격리와 코로나19 감염 여부 검사 실시' 지침을 지키고 있었는데 국회라고 예외가 될 수는 없었다.

문제는 민주당 전당대회와 9월 정기국회를 앞둔 시점이어서 하필이면 그 최고위원회 회의에 민주당 내 모든 주요 지도부와 당직자들이 대거 참석했었다는 점이다. 그래서 이해찬 당대표, 김태년 원내대표, 조정식 정책위 의장님, 최고위원들, 윤호중 사무총장, 김영진 원내수석, 당 대변인들, 박성준 원내대변인, 김성환 당대표 비서실장, 안규백 전준위 위원장, 민홍철 중앙당 선관위원장 등 모든 주요 지도부 14명과 민주당 당직자 18명이 당시 방역 지침에 따라 며칠 동안 자가격리가 되었다.[6]

설상가상으로 위 주요 지도부들은 대부분 현역 국회의원이었기 때문에 최고위 회의 이후 여러 국회 일정을 수행했었고, 결국 민주당 전체 지도부가 자가격리 되었을 뿐 아니라 국회 전체가 셧다운되었다. (당장 8월 26일 자가격리 당일, 정보위원회 예결 소위 의결도 구성원들이 자가격리되면서 정족수 미달로 결산안을 의결하지 못했다고 한다.) 국회안전상황실은 8월 26일 밤늦게 국회 본관, 의원회관, 소통관의 인원을 모두 귀가조치하고 곧바로 폐쇄 작업에 돌입했다.

최고위에 참석한 지도부 전원에 대해 자가격리가 결정된 날, 방역당국에서는 격리된 사람들 중 추가 확진자가 나온다면 지도부 중 상당수가 더 오래 자가격리를 해야 된다고 했다. 때문에 당시에는 지도부 공백이 기약 없이 더 길

---

6. 〈연합뉴스〉, 2020.8.26. 취재기자 확진자 접촉에…민주당 일시 '셧다운'
https://www.yna.co.kr/view/AKR20200826105851001

어질 수도 있었고, 그 기간이 언제까지일지 알 수도 없는 상황이었다. 그 와중에 최고위 회의에 참석하지 않았던 인원이 딱 2명 있었는데 그게 바로 강훈식 수석대변인과 원내대변인을 맡고 있던 나였다. (원내대변인은 당번제이고 나는 그날이 비번이라 참석하지 않았었는데, 수석대변인님은 왜 그 회의에 참석을 안 하셨던 것인지 아직까지도 미스터리다.)

당시는 2020년 8월 말이라 민주당은 2년 임기인 당대표를 선출하는 전당대회를 앞두고 있었고, 국회 각 상임위원회에서는 결산 심사가 진행 중이었다. 게다가 곧 있을 국정감사 일정을 양당 원내수석이 대면으로 합의해야 하는 시기였다. 이렇게 일도 많고 중차대한 시기에 국회는 셧다운되었고, 민주당의 당 지도부와 원내지도부가 모두 자가격리된 것이다.

나는 원내대변인 매뉴얼에도 나오지 않는 이 초유의 상황에 어떻게 대응하면 좋을지 몰라 멘붕이 되었고, 유일하게 남은 지도부인 강훈식 수석대변인에게 앞으로 국회 일정과 전당대회는 어떻게 되는 거냐고 물어봤다. 그런데 강훈식 수석은 너무나 침착하게 "어쩌긴, 그래도 지정생존자라도 있는 게 어디야"라고 대답하며 대응을 해나갔다.

'지정생존자(designated survivor)'란 원래 미국 대통령을 비롯한 정부 내각 각료들이 한자리에 모이는 행사가 있을 때, 유사시 대통령직 승계가 가능한 부처 요인 중 한 명으로 하여금 안전시설에 대기하도록 지정되는 인원을 가리킨다. 이러한 제도를 소재로 한 〈지정생존자〉라는 미국 드라마가 2016년부터 2019년 시즌3까지 방영되며 엄청난 인기를 끌었고, 한국판으로도 만들어져 방영되었다. 강훈식 수석대변인의 '지정생존자' 비유는 그 정신없는 상황에서 본인이 지정생존자 같은 입장에 처했음을 순간적으로 직감하고 혼자라도 이 문제에 대응해 보겠다는 의지를 보인 것이었다.

실제로 물리적으로 국회에 나올 수 있는 유일한 지도부였던 강훈식 수석대변인은 당장 윤호중 사무총장으로부터 다음 날 역학조사관을 맞아달라는 연락을 받았고, 역학조사에 따른 당 지도부 입장을 대신 전달하기도 했다. 그 뒤에도 강훈식 수석은 며칠 동안 당 지도부와 일일이 개별 소통하며 필요한 의사결정들을 챙기고 매일매일 기자들에게 수석대변인 브리핑을 진행하며 혼란을 최소화했다.

지금 돌이켜 생각해 보면, 그 당시 2020년 중반 강훈식 비서실장은 막 재선된 46세의 국회의원이었다. 나만 저런 비상 상황에 대한 매뉴얼을 갖고 있지 않았던 것이 아니라 강훈식 의원도 갖고 있지는 않았을 것이다. 그럼에도 위기를 혼자 감당하는 상황을 피하지 않고 어떻게든 일을 해결해 나갔던 것이다. 그래서 나에게는 지금도 강훈식 비서실장은 '문제 해결력 있고 책임감 강한' 실력자로 기억된다.

실제로 강훈식 비서실장은 인수위 없이 출범한 이재명 정부를 위해 밤낮없이 고군분투하며 임명된 지 3주 만에 5kg 넘게 살이 빠지며 초췌한 모습으로 등장해서 화제가 되기도 했다. 또한 2025년 8월 24일 이재명 대통령의 첫 한·미 정상회담 순방길에 '한미 정상회담 총력 지원'을 위해 동행하며 역할을 하기도 했다. 강 비서실장은 출국 직전에 "이번 한·미 정상회담 성공은 매우 중요하다, 한 사람이라도 더 만나고 한마디라도 더 설득할 수 있다면 당연히

8월 24일(현지시간) 미국 워싱턴DC의 한 호텔에서 열린 동포 만찬 간담회에 참석한 강훈식 비서실장

가야 한다"고 취재진에게 밝혔다.

일반적으로 대통령 해외 순방에 비서실장이 동행하는 사례가 드문 만큼 이번 출국은 이례적이었는데, 한·미 정상회담 성공과 함께 강 비서실장은 수지 와일스 백악관 비서실장과의 핫라인 구축에 성공했다. 특히 강 비서실장은 한·미 정상회담이 열리기 직전 양국 비서실장이 별도의 회담을 가져 특검 수사 등 한국의 정치 상황에 대해 설명하

며 미국에 잘못 전달된 한국에서의 종교탄압 등에 대한 오해를 풀었다. 정상회담 직전 트럼프 대통령은 SNS에 "한국에서 숙청 혹은 혁명이 일어나고 있다"라는 글을 올려 우리나라 언론에서는 한·미 정상회담에 대해 크게 우려하는 기사가 쏟아졌었다.

당시 방미 중이던 강 비서실장은 "대통령과 정부 관계자는 트럼프 대통령의 SNS 내용 때문에 당황했으나, 비서실장 면담에서 한국 정치 상황에 대한 오해를 불식시킬 수 있도록 말했고, 트럼프 대통령에게 이 문제에 대한 정확한 사실관계를 보고해 달라고 요청했다"고 인터뷰에서 밝혔다. 트럼프 대통령은 실제 이재명 대통령과의 회담에서 이 문제를 먼저 언급하지 않았고, 이 대통령이 이에 대해 설명하자 "내가 오해한 것이라 확신한다"고 명확하게 밝혀 우리나라 극우 지지자들에게 실망을 안겨주기도 했다.

문제해결력과 책임감 강한 모습 외에도 강훈식 의원님과는 내가 기억할 수밖에 없는 특별한 에피소드가 있다. 나는 2024년 하반기에 미국 UNO 대학으로 방문 연구(visiting scholarship)을 다녀왔다. 올해 초에 내가 귀국했다는 소식을 듣고, 제일 먼저 강훈식 의원님이 밥을 사주겠다고 연락이 왔다. 그런데 식사 자리에 가보니 강훈식 의원님이 심지어 김민기 사무총장님, 김영진 의원님 등 중진 의원님들을 대동하고 와서 홍정민 힘내라고 응원을 엄청 해주시는 거다. 혹시라도 현직이 아닌 정치 후배가 기가 죽을까 봐 마음을 써주신 거였다. 당시 나는 백수에 향후 진로를 정하지 못한 상태였는데 크게 위로와 힘이 된 자리였다.

그런데 지금 생각해보면 2020년 지정생존자 일화는 나름 임팩트 있는 미담일 수 있었는데, 지금까지 나는 이 얘기를 어디 가서 해본 적이 없는 것 같다. 강훈식 의원님이 직접 얘기하고 다니지 않는 이상 이 일화의 전모를 아는 사람은 나밖에 없어서 나 말고는 소문내 줄 사람이 없었을 텐데…. 그래서인지 페이스북에 글을 쓰자마자 강훈식 비서실장님으로부터 톡으로 연락이 왔다. "에이~ 뭘 그런 걸 다 써~~." 그리고 저렇게 밥 사주며 응원해준 속정 깊어 보이는 일화도 어디 가서 얘기한 적은 없다. 비밀도 아닌데, 이런 미담은 미리 좀 퍼뜨리고 다닐 걸 하는 후회가 되기도 한다.

당을 위한 헌신과 정치 후배에 대한 따뜻한 배려

우상호 정무수석

많은 사람이 기억하는 우상호 의원님의 모습은 2022년 초, 지난 20대 대선 국면에서 이재명 후보의 지지율이 상대방과 혼전세를 보이자, 기득권 포기 차원에서 총선 불출마를 선언한 장면일 것이다. "민주당 1호 불출마 선언한 우상호" 기사는 당시 정치권에 크게 울림을 줬다.[7]

우상호 의원님은 민주당에서 가장 먼저 22대 총선 불

출마를 선언했는데 사실 그보다 먼저 2021년 4월 국민일보와의 인터뷰에서 "다음 세대를 키워야 하기에 물러난다"고 밝히기도 했었다. 당시 대선캠프의 현장대변인이면서 동시에 민주당 국회의원이었던 나도, 선배님의 결단에 미안함과 고마움, 부끄러움 등 여러 감정이 교차했던 것 같다. 그런데 나는 그보다 한참 전에 우상호 의원님께 미안함을 넘어선 민망함과 인간적인 고마움을 느낀 적이 있었다.

지금으로부터 거의 6년 전인 2020년 3월 말, 내가 총선 후보로 한창 뛰고 있을 때 정치 초년생인 나를 선배님이 운영하고 계신 '우상호TV'에 출연시켜 주셨다. 거기에 아.개.정이라는 코너가 있었는데 '아(원조 아나운서 한준호에서 박지희 아나운서로 변경)+개(개그맨 김대범)+정(정치인 우상호)'이 함께 만드는 방송이라고 해서 아.개.정이라고 한다고 했다. 아마도 고양병 지역구로 출마한 내가 고양을 지역구로 출마한 당시 한준호 후보 찬스로 동반 출연이 되었던 모

---

7. 〈국민일보〉, 2024.1.8. 민주당 '1호 불출마' 선언한 우상호
   https://www.kmib.co.kr/article/view.asp?arcid=0924338643

'우상호TV'에 한준호 의원과 동반 출연한 모습

양이다.

문제는 우상호 의원님은 원래도 입담 좋으신 3선 의원이셨고, 동반 출연한 한준호 의원은 같은 정치신인이지만 아나운서 출신인 데다 그 방송의 원래 MC였던 거다. 그래서인지 아.개.정 PD님이 이 방송의 컨셉은 그냥 자연스럽게 생방송 느낌으로 가는 것이라고 하면서 중간에 끊지 않고 가기로 했다.

그런데 나는 방송이 너무 떨려서 갑자기 긴장했고, 몇 번 버벅거리다가 아예 입이 떨어지지 않아 침묵이 흐르는

아.개.정 영상 채널 '선배님 꿀팁'편

사태가 벌어졌다. 내 기억에 어려운 질문이 있었던 것도 아니었고 초반 자기소개 부분이었던 것 같다. 원래 다시 찍지 않기로 했는데 우상호 의원님은 스태프들에게 중간에 잠깐 쉬자고 하시며, 3번인가 다시 같은 부분을 재촬영하는 시도를 한 끝에 겨우겨우 방송을 이어갈 수 있었다. (덕분에 매우 오랜 시간을 방송에 써야 했다)

아.개.정 채널 '선배님 꿀팁' 편에서 우상호 의원님은 친절하게도 정치 초년생인 나에게 자기소개하는 법, 인사하는 법, 명함 주는 법 등을 알려주셨다. 전체 1시간 가까운

2020년 4월 공식 선거기간에 고양시에 지원 유세를 와주신 우상호 의원님

분량인데, 너무 길어서 클립 영상 링크만 남겨둔다.[8]

    당시 우상호 의원님은 방송인도 아니고 본인도 선거 뛰어야 하는 총선 후보였는데, 어렵게 조금 시간 내서 후배들을 도와주는 자리였던 것을 고려하면 충분히 조급하실 만한 상황이었다. 그런데도 우상호 의원님은 웃으며 괜찮다고 원래 갑자기 그럴 때가 있다고 하시며, 차분하게 기다려주시고 자신감을 주셨다. 그때 생각만 하면 우상호 의원님

---

8. 아.개.정 클립 영상, https://youtu.be/iCSr4iGgc5A?si=m98imhIb23IfRjMj

께 지금도 너무너무 감사하다. 그로부터 2주쯤 뒤에 상대당 후보와 총선 후보자 공식 TV 토론이 있었는데 그 덕에 내가 기가 덜 죽어서 나름 선방했던 것 같다.

게다가 그 바쁜 선거 일정 와중에도 2주에 불과한 공식 선거운동 기간 중에 고양시까지 와주셔서 지원 유세를 해주셨다. 당시에도 인지도가 높으셨던 우상호 의원님은 고양시민들에도 매우 인기가 많았고, 덕분에 유세차 근처에 인파가 가득했다. 두고두고 감사할 일이다.

흔히들 "정책에 민심의 옷을 입히는 것이 정무수석의 역할"이라고 한다. 우상호 의원님처럼 당이 어려운 순간에 제일 먼저 자신을 희생하고, 처음 보는 정치 후배도 지나치지 않고 따뜻하게 배려하는 사람이라면 정부 정책에 누구보다 민심의 옷을 잘 입힐 수 있는 적임자라고 생각한다.

빨리 가려면 함께 가야 한다는
경제전문가

하준경 경제성장수석

아프리카 속담에, "빨리 가려면 혼자 가고, 멀리 가려면 함께 가라"는 말이 있다. 그런데 하준경 교수님은 오히려 빨리 가려면 함께 가야 한다며, 빠른 성장을 위해서도 협력이 필수적인 시대가 되었다고 늘 강조하곤 한다. 그런 의미에서 하 교수님은 저 아프리카 속담을 다음처럼 바꿔 인용한다.

한양대 연구실에서 만난 하준경 교수님

"빨리 가려면 함께 가라."

사실 하준경 교수님은 서울대 경제학과를 나와 미국에서 박사학위를 받고, 주요 연구 분야 역시 거시경제학, 화폐금융론, 기술혁신 등 주류경제학에 정통한 경제학자이다. 특히 내가 함께한 세미나에서, 하준경 교수님은 평범한 주제에 대해서도 '옵션가격결정모형(Black and Scholes Model)'을 활용해서 분석하거나, '민간화된 케인즈주의', '전통적인 케인즈주의'와 '슘페터주의'의 결합 등 이론적 근거를 들며 설명하는 식으로 너무나 학구적이어서 인상적이었다. 그만큼 기존 경제학 이론과 실무에서 최고 전문가이기도 하다.

어쩌면 저런 전문가가 '함께'를 강조하고 포용과 사회적 불평등, 복지에 관심갖는 것이 잘 믿기지 않을지도 모르겠다. 그런데 내가 겪어본 하준경 선배님은 정말 "빨리 가려면 함께 가라"는 믿음을 평소에도 굳게 믿고 있는 사람이다.

하준경 선배님은 대학교 과 선배님이기는 하지만 학번 차이가 커서 만나본 적은 없었는데, 2021년 당시 이재명 대선 경선 후보의 열린캠프에서 처음 만났다. 나는 경선캠프에서 선임대변인직을 맡으며 동시에 정책본부에도 걸쳐 있었고, 하준경 선배는 정책을 메인으로 담당하고 있었다. 정책본부 쪽 경제정책 분야는 직책만 맡고 있었고 참석 자체를 할 수가 없어서, 그 분야 진도를 현실적으로 쫓아가기 어려운 상황이었다.

그런데 경선기간 중에 하준경 선배님의 발표가 있었고 이 사안이 언론에 등장하게 되었다. 기자들이 대변인인 나에게 배경과 이론 설명을 묻는 전화가 많이 왔었는데, 알

2025년 3월 28일 동반성장연구소, 은행법학회, 서울대분배정의연구센터가 공동주최한 공동심포지엄

아보니 해당 주제를 하준경 교수님이 '옵션가격 결정 모델 (Option Pricing Model)'로 분석하여 발표한 것이었다. 정치부 기자들이 해당 발표의 더 깊은 이론적 배경과 당위성을 취재하기 위해 나에게 연락을 해왔던 것이다. 나라고 15년 전 박사과정에서 공부했던 옵션가격결정모형이 다 기억나거나 응용과정이 모두 이해될 리는 없었다. 나는 마음이 급해서 그냥 넘어가고 싶었지만, 당시 하준경 교수님이 끈질기게 모형의 이론과 시사점을 설명해주시며 결국 나를 이해시키셨다. 덕분에 긴박한 캠프 일정 중에도, 내가 구체적으로 이해해서 기자들에게 잘 대응했던 기억이 난다.

대선이 끝나고도 나는 하준경 선배님과 2023년부터

2년 동안 동반성장연구회를 같이 했다. 10명 정도의 경제학 분야 교수, 박사들이 돌아가며 발표도 하고 공저(共著)로 책도 내고 최근에는 심포지엄도 했다. 그런데 동반성장연구회 활동 기간이 하필이면 총선 경선기간, 경선 떨어진 기간, 떨어져서 잠수 탄 기간, 방문연구차 해외에 있던 기간이어서 그 연구회에는 제대로 집중할 수가 없었던 것 같다.

하준경 선배는 가장 성실하고 제일 먼저 숙제를 끝내놓고는 늘 끝까지 꼴찌를 기다려주셨다. 이탈하지 않고 함께 끝까지 완주할 수 있도록 말이다. 내 개인적인 생각으로는 만일 내가 마음의 상처를 입고 포기해 버린다면 오히려 더 늦어질 수도 있다는 것을 하준경 선배님은 직감하셨던 것일 수도 있다. 이렇듯 하준경 선배는 본인의 이론을 현실에서도 늘 실천하고 계신 분이고, 늘 준비된 보증수표다. 개인적으로 경제성장수석에 어울리는 인물이라고 생각한다.

대통령만의 챗GPT라는 별명을 얻은 AI전문가

하정우 AI미래기획수석

어느 날 칼럼니스트인 〈경향신문〉 김민아 이사님이 연락을 주셨다. 내가 페이스북에 올리는 글을 "재미있게 읽고 있는 팬"이라고 하시면서, "초가속 시대의 도전, 공포를 넘어 희망으로"라는 주제의 〈2025 경향포럼〉에 초대해주셨다. 김민아 이사님이 그동안 〈2025 경향포럼〉을 총괄해 오셨는데, 이번 포럼 주제가 AI에 관한 내용이어서 내가 관심

하정우 AI미래기획수석이 22일(현지시간) 미국 뉴욕 한 호텔의 한국프레스센터에서 이재명 대통령의 세계경제포럼 의장 접견 관련 브리핑을 하고 있다.

이 많을 것 같다고 초대해주신 것이다. 내가 삼성경제연구소에서 AI 기술 동향을 연구하다가 AI 스타트업을 창업했다는 것을 알고 계셨던 것 같다.

포럼은 카이스트 이광형 총장님 등 전문가들의 AI 기술 발전과 미래, 우리의 대응에 대한 좋은 강연들이 많아서 참 뜻깊은 시간이었다. 특히 이재명 대통령님 축사를 대신 하기 위해 하정우 AI미래기획수석이 포럼에 참석했는데, 유명하고 중요한 일을 하고 계신 하정우 수석님 실물을 영접하게 되다니 영광이었다.

이재명 대통령은 대선 기간 당시 인공지능에 100조 원을 투자하여 대한민국을 AI 3대 강국으로 진입시키겠다는 계획을 제시했었다. 그 계획의 일환으로 대통령실에 AI 미래기획수석을 신설했고 당시 하정우 전 네이버클라우드 AI 이노베이션센터 센터장을 AI수석으로 깜짝 기용했다. 하정우 수석에 대한 국민과 업계의 관심이 얼마나 높았는지, 하정우 수석에 대한 검색량이 오랫동안 유명인이었던 동명이인 '하정우 배우'의 검색량을 뛰어넘을 정도였다.

그런데 사실 AI 업계와 학계에서 하정우 수석은 천만 배우 하정우만큼이나 이미 유명인이다. 하정우 수석은 한국형 초거대언어모델 '하이퍼클로바X' 개발을 주도하며, 네이버가 글로벌 AI 연구 영향력 순위 6위에 오르는 데 결정적 역할을 했고, 국제 주요 AI 학회 등에서 100편 이상의 논문을 발표하는 등 매우 활발한 활동을 해왔다.

하정우 수석은 〈2025 경향포럼〉의 모든 참석자 중 가장 인기가 많았다. 나는 망설이다가 용기를 내어 "저… 사진 찍어도 될까요?"라고 부탁드렸는데, 아주 흔쾌히 찍어

〈2025 경향포럼〉에서 하정우 수석님과 함께

주셨다. "우리나라 AI 꼭 잘되게 해주셔야 돼요"라는 나의 요청에 하 수석님은 "당연하죠. 그러려고 들어왔는데요!"라며 자신있게 답했다.

하정우 수석이 지명될 당시, 고민 끝에 대한민국 최초의 AI수석 기용을 받아들였다고 밝힌 적이 있다. 그 이유는 하 수석은 'AI 생태계를 탄탄하게 만드는 역량이 국가의 미래를 결정한다'고 믿는데, 이 영역에서 본인이 기여할 수 있는 바가 있다고 생각했기 때문이라고 했다.

최근 대통령의 물음에 막힘없이 답하며 '대통령만의

챗GPT'라는 별명을 얻은 하정우 수석은 '잼프의 참모'라는 대통령실 유튜브에 출연해서 이 대통령에 대해 "제가 겪은 보스 중에서 가장 함께 일하고 싶은 보스"라고 말했다. 하 수석은 "보스로서 '똑부'를 만나면 밑에 사람은 이빨 빠진다. 굉장히 많이 힘들다" 하고 웃었는데, 정말 진심으로 느껴졌다. 똑부 보스 이재명 대통령과 하정우 AI수석을 보면 우리나라가 꼭 AI 3대 강국에 들 수 있을 것만 같은 희망이 생긴다.

○

이재명 대통령 선거
프로 참석러이자 금융전문가

김병욱 정무비서관

나는 2020년 1월, 민주당의 6호 영입인재로 정치를 시작했다. 그 과정에서 내가 '이제부터 진짜 시작이구나' 하고 퍼뜩 정신이 든 순간이 있다. 바로 국회 당대표실에서 기자회견을 할 때, 김병욱 의원님이 "우리 당에 오신 것을 환영한다"며 나에게 파란색 목도리를 매어주셨던 순간이었다. 목도리를 둘러주는 것은 이미 예정된 식순이었겠지만, 그전

2020년 1월 인재 영입식에서 김병욱 의원님과 함께

까지 드러나지 않고 영입 준비를 하느라 정신이 없다가, 영입식에서 민주당의 파란 목도리를 매는 순간 번쩍 정신이 든 것이다. 어쩌면 내 정치 인생의 공식적인 첫 기억은 김병욱 의원님이 목도리를 매어주시는 순간인 셈이다. 그때의 인연 때문인지 김병욱 의원님은 그 이후의 정치 행보에 나를 많이 챙겨주셨다.[9]

---

9. 〈중앙선데이〉, 2020.3.14. 본회의 485시간 역대 최단, 회의 100% 출석은 11명뿐
https://www.joongang.co.kr/article/23729757

김병욱 의원님은 2010년, 이재명 대통령님이 성남시장 선거에 출마했을 때 선거대책위원장으로 선거를 도왔다고 한다. 그리고 이재명 대통령의 설득으로 경기 성남의 지역위원장도 도전하게 되었다. 김병욱 의원님 지역구인 분당을은 보수세가 강해 강남과 같은 험지로 분류되는 곳이다. 그런데 분당에서 지역구를 탄탄히 다져오면서 2016년에 당당하게 당선되었으며, 이후 20대 국회 출석율 100%의 성실한 의정활동과 세심한 지역관리로 분당에서 재선이라는 큰 성과를 거두었다.

김병욱 의원님은 이처럼 이재명 대통령의 선거는 빠지지 않고 함께했기에, 3년 전 20대 대선캠프에서는 직능본부장을 맡아 일하였으며, 21대 대선캠프에서도 금융·자본시장 위원장으로 일하며 대선 승리에 기여했다. 2021년 이재명 지사님의 경선을 위해 현역 국회의원 34명이 '성공포럼'이라는 연구단체를 출범시켰는데, 김병욱 의원님이 공동대표를 맡고 내가 연구간사를 맡게 되었다.[10]

4년 전 11개월 동안의 경선과 대선기간 동안 직능본부와 성공포럼을 함께하며 옆에서 지켜본 김병욱 의원님은 조직과 정책에 모두 전문성이 있는 멀티 플레이어셨다. 김 의원님은 금융투자협회의 전신인 한국증권협회 출신으로, 증권가 출신 최초 국회의원 수식어를 달았다. 국회 정무위원회에서 다양한 자본시장 관련 법안을 발의했고, 민주당의 자본시장활성화특위를 맡아 금융과 자본시장에 관한 전문성을 보여주기도 하였다. 그리고 금융인들이나 여러 직능단체의 전국 조직에도 그 재능을 활용하기도 했다.

이재명 정부가 추진하는 '코리아 프리미엄 실현으로 코스피 5000시대 도약'의 목표를 실현하기 위해서는 금융정책과 시장 구조를 모두 이해하는 인물이 필요하다. 김병욱 정무비서관은 "증권시장을 투기꾼들의 놀이판으로 여기는 것을 경계"하고 "국민들의 재산 증식 무대가 될 수 있는 환경을 만들어야 한다"고 이전부터 강조해 왔다.[11] 실제로 자본시장법 개정, 투자자 보호 강화, 사모펀드 제도 개선 등

---

10. 〈머니투데이〉, 2021.5.20. 이재명 싱크탱크 '성공포럼' 오늘 출범…공동대표 김병욱·민형배 https://www.mt.co.kr/politics/2021/05/20/2021052006105281892
11. 〈더팩트〉, 2021.1.5. [TF인터뷰] 민주당 김병욱 "코스피 3000 돌파, 한국 자본시장 새 국면" https://news.tf.co.kr/read/ptoday/1837496.htm

2022년 이재명 대선후보 공약발표 때 김병욱 의원님과 함께

여러 금융 관련 입법을 주도하며 시장과 국민 모두 신뢰할 수 있는 금융 생태계를 만들기 위해 노력해왔다.

김병욱 비서관님을 응원하는 것은 단순히 한때의 동지이자 동료 의원이어서가 아니라 이재명 정부가 추구하는 공정한 시장과 실질적 성장의 철학을 함께 설계해온 실무형 전략가이기 때문이다. 정치적 의리와 정책적 전문성을 동시에 갖춘 인물인 김병욱 비서관님이 이제는 대통령실 정무비서관으로서 다시 한번 대한민국 경제정책의 한 축을 든든히 맡게 된 것을 다행이라 생각한다.

이재명 대통령 당선을 예언한 만능 해결사

권혁기 의전비서관

이재명 대통령의 기사나 TV 뉴스를 보면, 옆에 자주 함께 잡히는 얼굴들이 있다. 강훈식 비서실장도 자주 보이지만, 이분 모습이 사실 가장 많이 보인다. 다음 페이지 사진은 주한대사 신임장 제정식에 참석하러 가는 이재명 대통령의 모습과 뒤따르는 권혁기 의전비서관의 모습이다.

이재명 대통령을 뒤따르는 권혁기 의전비서관

 내가 권혁기 의전비서관을 처음 만난 것은 2020년 5월 원내대변인이 되고 얼마 후였다. 김태년 원내대표님에 따르면 이분을 어렵게 원내대표 비서실장으로 모셨다면서 청와대 춘추관장 출신이라고 했다. 실력이 아주 출중하니 원내에 큰 도움을 주실 것이라고 소개하셨다. 당시 권혁기 비서실장의 옆 옆자리에 가까이 앉았던 나는, 권 비서실장께 인사를 드리며 "제가 원내대변인을 얼마 전 맡게 되었지만, 아무것도 모르니 꼭 큰 도움을 주셔야 해요"라고 신신당부를 했다.

아마도 권 비서실장은 내가 하는 말이 첫 만남에 의례하는 인사말이라고 생각하고 "아이고, 무슨 말씀을요. 오히려 제가 도움을 받아야죠. 그런데 혹시 제가 도와드릴 일 있으면 편하게 말씀하세요, 의원님"이라고 대답했다. 그런데 내가 도움받을 일이 너무 빨리 찾아왔다.

권 실장님 사무실은 원내대표실 옆 원내행정기획실에 있었는데, 나는 원내대변인 직책을 맡았던 초반에는 거의 거기에 진을 치고 있었다. 태어나서 처음 해보는 원내대변인 브리핑을 어떤 느낌으로 해야 할지 감이 없었기 때문이었다. 나는 원내대표님의 여러 중요한 회담에 배석해서 녹취록 수준으로 필기와 암기를 하며 내용은 분명히 모두 파악했었다. 그런데 대변인 생활 초반에는 어떤 포인트를 어떻게 브리핑을 하면 좋을지, 정무적으로 어떤 사안은 브리핑하지 않는 것이 좋을지 등에 판단이 애매한 경우가 많았다. 그도 그럴 것이 나의 민주당 입당은 2020년 1월이다.

입당한 지 5개월도 안 된 내가 민주당의 입장을 정무적 판단까지 얹어서 자신 있게 대변하는 것이 사실 위험할 수도 있던 일이었다.

원내대변인 일을 시작했던 초반 브리핑 초안을 권 비서실장께 보여주며 수정 방향을 의논한 적이 있었다. 내가 처음 쓴 분량은 A4 2장 정도였는데, 권혁기 실장님이 보더니 깜짝 놀라며, "앗 대변인님, 이런 얘긴 언론에 나가면 안 되고요" 하며 반쯤 날렸다. 그리고 "이 부분은 좀 지엽적이고 불필요한 것 같아요" 하면서 남아 있는 분량의 절반가량을 다시 지웠다. 그리고 "여기는 너무 밋밋해요. 야마가 없고. 이러면 기사 한 줄도 안 날 텐데 아쉽잖아요. 잠시만요" 하더니 문장의 순서를 바꾸고 야마를 넣고 표현도 가다듬어 주었다. 처음 내가 들고 간 브리핑 초안과는 누가 봐도 비슷한 구석이 없는 완전히 다른 문서로 탈바꿈했지만, 나는 엄청 만족스러웠다.

그렇게 소통관에서 권혁기 표 브리핑 자료로 기자회견을 시작하면서 점점 스스로 감을 잡고 원내대변인 역할을 할 수 있게 되었다. 어찌 보면 권혁기 비서관은 대변인 초기 나의 첫 멘토 같은 존재였다. 그런데 권혁기 비서관은 단순한 논평 이상의 해결사로서도 역할을 했다. 특히 논쟁적 정책분야에서 빛을 발했다.

내가 원내대변인을 맡았던 시기는 민주당이 집권여당이었던 시기였다. 그러다 보니 원내대변인은 정치적 논쟁보다는 정부, 여당 정책에 대한 비판과 논쟁에 입장을 잘 내야 하는 일들이 꽤 있었다. 원내대변인 임기 때인 2020년 5월부터 2021년 4월까지 논쟁적이었던 이슈 중 지금도 기억 나는 몇 가지가 있다. 2020년 코로나 확산 기간이었던 8월부터 9월까지 있었던 의사 파업,[12] 2020년 9월 코로나 2차 재난지원금 선별 지급,[13] 2020년 12월 코로나19 초대형 확산에 따른 집합금지 명령 등이었다.

---

12. 〈의약뉴스〉, 2020.12.26. 6년 만의 전국 의사총파업 등 2020년 의료계 주요 뉴스는? http://www.newsmp.com/news/articleView.html?idxno=211112
13. 〈연합뉴스〉, 2020.9.6. 2차 지원금, 소득급감한 특수형태근로자 등에 최대 200만원 (종합) https://v.daum.net/v/20200906181502273 전 국민에게 지원했던 1차 재난지원금과 달리, 2차 재난지원금은 코로나19 확산 시기에 소득이 급감한 고용 취약계층과 자영업자·소상공인 등을 선별해 긴급고용안정지원금을 지급하는 방식이었다. 선별지급에 대한 반대 입장도 있었고, 실제 대상을 선정하는 과정에서도 논란이 있었다.

이미 전 세계적 코로나 위기로 국민들이 의료적·경제적·심리적 위기를 겪고 있는 상태에서, 정부 정책이나 의료계 파업에 대처하는 정부의 모습이 국민의 기대에 미치지 못할 수도 있었다. 여당 원내에서는 이에 대해 국민들에게 설명하고, 입장을 밝히고, 한편으로는 불가피성을 이해해 달라고 설득하는 역할을 해야 했다. 이 과정에서 정무감각과 메시지 표현으로 정책적 입장을 잘 전달하는 권혁기 비서실장의 강점이 나에게는 정말 큰 도움이 되었다.

원내대변인 임기가 끝나고 2021년부터 나는 이재명 지사님의 경선캠프에서 대변인을 맡게 되었고, 본선으로 들어가며 선대위의 현장대변인을 담당하게 되었다. 그런데 정말 다행히도, 권혁기 의전비서관도 이때 이재명 대선후보 캠프에서 메세지와 정무를 맡고 있었다. 나는 현장에서 벌어지는 돌발 상황들에 대해 급하게 의논할 일이 생기면, 권혁기 실장께 SOS를 쳤다. 그리고 현장과 관련한 기사를 늘 검색해서 오보가 나거나 사실관계가 틀린 부분을 발견하면 나는 권혁기 실장에게 신고했다. 당시 권 실장님이

권혁기 선대위 공보부단장이 17일 오전 국회 소통관에서 이재명 대선후보 기자실 운영에 관해 브리핑하고 있다.

그 역할 책임자였는지와 상관없이 내 입장에서는 다른 누구보다 권 실장에게 말해야 기사가 "정말로" 정정이 되었기 때문이다. 한마디로 대선캠프의 구원투수 역할이었다.

2022년 3월 9일 대선 투표가 끝나고 이재명 후보가 개표에서 앞서고 있다가 3월 10일 새벽 0시 30분경부터 상대 후보에게 뒤집히기 시작했다. 그리고 당시 이재명 후보는 개표가 모두 끝나기 전에 대선 패배를 인정했다. 투표

다음 날인 10일 새벽 3시 47분경 이재명 후보는 여의도 민주당사에서 기자회견을 열고 "최선을 다했지만, 기대에 부응하지 못했다. 모든 것은 다 저의 부족함 때문이다. 여러분의 패배도 민주당의 패배도 아니다. 모든 책임은 오롯이 저에게 있다"고 말씀하셨다. 그러면서 이재명 후보는 "윤 후보님께 축하의 인사를 드린다. 당선자께서 분열과 갈등을 넘어 통합과 화합의 시대를 열어주길 간곡히 부탁드린다"고 끝맺었다.[14]

당사에서 그 연설을 지켜보며 눈물 콧물 범벅이 되어 울고 있던 나를 권혁기 의전비서관은 달래주며 이렇게 얘기했다. "의원님, 윤석열이 대통령이 되었으니 2년 뒤 총선은 민주당이 압승할 겁니다. 두고 보세요. 그리고 다음번 대선은 이재명 대통령 꼭 되시니까 걱정마세요." 그때는 그 말이 그냥 위로라고 생각하고 우느라 흘려들었는데, 지금 돌이켜보니 거의 신기에 가까운 예언이었다.

---

14. 〈한겨레신문〉, 2022.3.10. 이재명, 대선 패배 승복 선언…"모든 책임은 오롯이 제게"
https://www.hani.co.kr/arti/politics/politics_general/1034239.html

○

외교, 안보, 경제를 아우르는
외교계의 인재

임웅순 국가안보실 2차장

2025년 6월 15일 국가안보실 인선이 발표되었다. 강훈식 비서실장은 안보실 2차장으로 지명된 임웅순 캐나다 대사에 대해 "현재 주캐나다 대사로 현지에서 G7을 대비하고 있다"며 "그 어느 때보다 외교협상의 중요성이 커지는 상황에서 국익 중심 실용 외교를 관철할 것"이라고 했다. 어디에선가 들어본 이름이었다. 프로필을 찾아보니 기억이 났

2023년 7월, 캐나다 현지에서 열린 가평 전투 기념비 건립행사에 참석한 임웅순 대사

다.[15] 2년 전, 캐나다에 출장 갔을 때 뵈었던 주캐나다 대사님이 임웅순 안보실 2차장이었던 것이다.

캐나다는 75년 전, 6·25 전쟁 기간에 2만 7,000여 명을 한국에 파병해서 516명이 전사하고 1,042명이 부상을 당했다고 한다. 파병된 많은 부대원이 아직 스무 살도 채 되지 않은 어린 나이였음에도, 캐나다군이 치열하게 싸운 가

---

15. 〈뉴스1〉, 2025.6.15. 임웅순 안보실 2차장…'북미통' 직업 외교관 출신
https://n.news.naver.com/article/421/0008312286?sid=100

평 677고지 전투는 당시 어려웠던 전세를 돌리고 서울을 지켜내는 데 중요한 계기가 됐다.

이에 2년 전, 당시 임웅순 주캐나다 대사는 현지에서 열린 기념비 건립행사에서 "캐나다는 한국전 당시 26,791명의 장병을 파병한 한국의 전통적 우방"임을 강조하고, "비록 한국전이 '잊혀진 전쟁(Forgotten War)'이라고는 하지만, 캐나다 군인들의 숭고한 희생과 용기는 한국인들의 마음속에 영원히 간직되어 있다"고 진심 어린 감사를 표했다.

당시 그 자리에는 70여 년 전 한국전쟁에 참전했던 용사들, 전사한 장병들의 가족들, 그리고 한국 교민들이 캐나다 각지에서 모였다. 임 전 대사의 표정, 말투, 감사에 눈물을 보이는 퇴역 장교도 계셨다. (나도 그때 19세였던 아들이 생각나서 울컥했다.)

행사가 있던 곳은 캐나다 서부였다. 캐나다에는 아직 서부 농장문화가 있어, 매년 7월 세계 최대의 로데오 축제인 '캘거리 스탬피드(Calgary Stampede)' 축제가 열린다. 캐나다 캘거리 스탬피드 축제는 정말 유명한 축제라고 한다.

2023년 7월, 임웅순 전 캐나다 대사와 스탬피드 축제 외교 현장에서

나에게는 무척 낯설었지만, 캐나다에서는 가장 중요한 축제 중 하나이고, 그렇기 때문에 캐나다 정치인들에게도 중요한 행사이다. 임웅순 대사님은 그런 점까지 세심하게 고려해서 대화가 자연스럽게 이어질 수 있게 스탬피드 축제의 상징인 카우보이모자와 축제 관련 콘텐츠들을 미리 챙겨두셨던 기억이 난다. 일명 카우보이 외교라고 부를 수 있다.

그리고 임웅순 대사님은 나의 짧은 국회 출장 일정에,

캐나다 해당 지역구의 상원의원들, 하원의원들뿐 아니라, 행사와 무관한 주 에너지부 장관도 초청하셨다. 즉 경제 소통이 가능한 인물들, 여성 정치인들과의 교류를 통해 한국과 캐나다 간의 향후 기회를 꾀하는 것으로 보였다. 대사님의 예상대로 리셉션 자리에서 여성 상원의원들은 여성 정치인인 나에게 관심이 많았고, 에너지부 장관은 한국의 기업들이나 자원 교류에 관심이 많았다.

애기를 나눠보니 캐나다 공화당, 민주당의 상원의원들은 평소에도 한국의 총영사관이나 대사관 측과 꾸준히 교류해서 친분이 두터워 보였다. 임 대사님과의 대화를 통해 대사님이 경제학과 학부, 석사를 전공해서 외교뿐 아니라 캐나다와의 경제 협력 기회에도 관심이 많으시다는 것을 짐작할 수 있었다.

코로나 팬데믹이 오래 이어지고 대선기간이 겹치는 등 여러 상황 때문에 3년간 공식 해외 출장을 한 번도 못가다가 임기 시작 3년 만에 처음 갔던 해외 출장이었는데, 안보적 관점을 갖고 문화 외교를 하며, 경제 협력 기회까지 연결해주는 대사의 역할이 어떤 것인지 처음으로 경험해볼 수 있는 좋은 기회였다. (당시 쑥쓰러워서 말은 못 했지만 대사님이 무척 존경스러웠다.) 임웅순 국가안보실 2차장님은 이재명 대통령이 구상하시는 "국익중심 실용 외교", 그리고 "경제안보"와 딱 맞는 인재로 잘 발탁되었다고 자신할 수 있다.

위기 상황에서 잔다르크 같았던
용감한 여성 정치인

안귀령 대통령실 부대변인

안귀령 대통령실 부대변인은 2022년 초, 이재명 대선 후보 선거대책위원회에 합류해 대변인으로 함께 활동하면서 처음 만났다. YTN 아나운서였던 안귀령 대변인은, "언론의 본질인 권력 감시와 비판의 역할을 충실히 해낸 인물"로 소개되며 이재명 후보의 국가인재위원회에 전격 영입되었다.

나는 당시 현장대변인으로 후보의 일정을 수행했고, 안귀령 대변인은 언론 대응과 큰 행사의 사회를 보며 이재명 후보의 메시지를 국민에게 전달하는 역할을 했다. 안귀령 대변인과 의견을 조율하거나 현장에서 활약하는 모습을 보았는데 30대 초반의 젊은 정치 신인이라는 점이 느껴지지 않을 정도로 노련하고 당찬 모습이 인상적이었다. 이후 이재명 당대표 체제에서 상근 부대변인으로 활동해온 안귀령 대변인은 '젊은 정치 스피커'로 불릴 만큼, 정치 현장 속 실무 능력과 커뮤니케이션 능력을 높이 평가받았다.

이렇게 유능하고 젊은 인재로만 알려져 있던 안귀령 대변인이 온 국민에게 각인된 것은 계엄 당일 계엄군의 총부리를 붙잡은 유명한 사건 때문이었다. 영국의 국영방송 BBC는 '2024년 가장 인상적인 이미지 12장면'을 선정하여 발표했는데, 열두 번째로 선정된 사진이 바로 안귀령 대변인이 국회를 점령하려는 계엄군의 총구를 붙잡고 있는 사진이다. BBC는 이 사진의 설명으로 "안귀령의 굳건한 결단력과 나아가 그의 옷에서 반짝이는 강철 같은 빛은 영국 화가 존 길버트의 19세기 수채화인 잔다르크 초상화를 떠

〈사진 출처: OhmyTV via AP, BBC선정〉

올리게 한다"고 보도했다.[16]

2024년 12월 3일, 윤석열 대통령의 비상계엄 선포 직후 무장 계엄군이 국회의사당 점거를 시도했다. 계엄군은 다음 날인 4일 새벽, 국회 후문으로 진입하려 했고, 이를 막으려는 국회 직원과 보좌진, 야당 의원들이 대치했다. 그때 한 계엄군의 총구가 더불어민주당 안귀령 대변인을 향

---

16. BBC, 2024.12.21. 2024년 가장 인상적인 이미지 12장면
https://www.bbc.com/korean/articles/c5yg991jg4vo

했다. "떨어져, 움직이지 마." 안 대변인은 총부리를 붙잡은 채 물러서지 않았다. 계엄군이 손을 뿌리치자 그녀는 소리쳤다. "부끄럽지도 않냐." 정말 다행스럽게도 계엄은 오전 1시쯤 국회 본회의에서 재석 의원 190명 전원 찬성으로 비상계엄 해제 요구 결의안이 통과됐고, 윤석열은 이후로 4시간을 더 꾸물거리다가 새벽 5시가 넘어서야 비상계엄을 해제했다.

12월 5일 BBC는 긴박했던 12월 3일 비상계엄 150분간의 이야기에 관한 인터뷰를 공개했는데, 당일에 총구를 붙잡았던 안귀령 대변인이 인터뷰의 주인공이었다.

안귀령 더불어민주당 대변인은 지난 3일 비상계엄 선포된 직후 국회 본청에서 계엄군의 총구를 손으로 막은 행동에 대해 "그냥 '일단 막아야 한다, 이걸 막지 못하면 다음은 없다'라는 생각밖에 없었다"고 말했다. 안 대변인은 "뭔가 머리로 따지거나 이성적으로 계산할 생각은 없었다"며 "순간적으로 그냥 몸을 던져서 (계엄군의 본청 출입을) 막았던 것 같다"고 당시 상황을 전했다. 그러

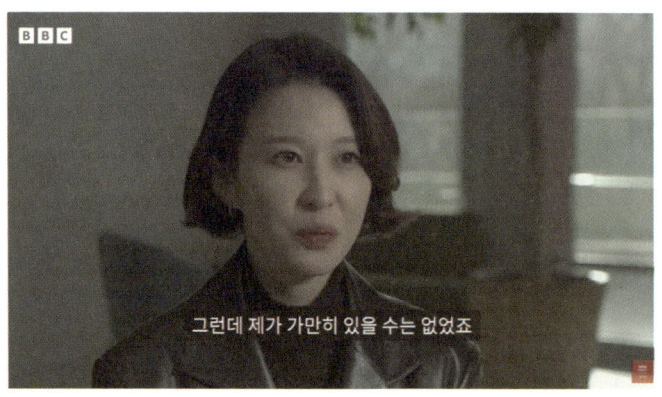

12월 3일 비상계엄 150분간의 이야기를 BBC와 인터뷰한 안귀령 대변인

면서 "솔직히 처음에는 계엄군을 처음 봐서 좀 무서웠다"며 "(계엄군과 대치하는 다른 시민들을 보고) 나도 가만히 있어서는 안 되겠다고 생각했다"고 덧붙였다.

2024년 12월 시민 안귀령에게는 보호해줄 갑옷도, 뒤따르는 병사도 없었다. 그녀는 오직 민주주의에 대한 확신으로 계엄군의 총구 앞에 섰고, 이 시대를 상징하는 한 장면으로 남았다.

2장

국민주권정부 사람들

김민석 국무총리 ·윤호중 행정안전부장관 ·안규백 국방부장관
·김성환 기후환경에너지부장관 ·전재수 해양수산부장관
·주병기 공정거래위원장 ·최혜영 국무총리실 공보실장

빛의 혁명을 완수한,
시대를 앞서간 능력자

김민석 국무총리

내가 김민석 의원님을 처음 만난 건 국회의원이 되기 전인 2020년 초 열린 AI 석학 초빙 간담회였다. 민주당에 영입된 스타트업 청년 창업가 자격이었고, 김민석 의원님도 현직 의원은 아니었다. 당시 언론은 "김민석 민주당 포용국가 비전위원회 위원장은 세계적으로 저명한 AI 석학들을 초청해 최신 연구동향을 공유하고 미래 혁신전략을 모색하는 간담회를 가질 예정이다. 이 간담회에는 영입 인재인 40대 여성 변호사 홍정민 스타트업 대표가 동석할 예정이다"라고 보도했다.[1] 그 간담회에서 김민석 의원님은 AI 분야에 대한 전문성은 물론, 유창한 영어로 AI 석학들과 소통하며 대한민국이 향후 얼마나 잠재력 있는 나라인지를 강력히 피력했다.

국회의원이 된 후 2021년부터, 나는 김민석 의원님이 주관하는 KOTOK(코리아 내셔널어셈블리톡의 약칭)의 간사를 맡게 되었다. 코톡은 대한민국 국회의원들과 주한 외국 대사들이 정기적으로 한자리에 모여 다양한 국내 시사 현안과, 해당 국가의 주요 이슈에 대해 서로 브리핑하며 상호 관심사에 관해 소통하는 모임이었다.

'KOTOK'을 기획하고 첫 행사를 주최했던 당시 김민석 국회 보건복지위원장은 "각국 대사들과의 정기적인 교류와 소통을 통해 국제 감각을 키우고, 의원 외교의 폭을

---

1. 〈CBC뉴스〉, 2020.2.17. AI 석학 초청 최신 연구 동향 공유⋯투피 살리바 등 눈길
https://www.cbci.co.kr/news/articleView.html?idxno=404402

넓혀 국제협력을 강화할 수 있을 것"이라고 헌정 최초로 KOTOK을 추진하는 취지를 밝혔다. 생각해보면 김민석 의원님은 지금으로부터 4~5년 전에 이미 AI의 글로벌 석학과 논의할 정도로 이해도가 있었고, 국제협력 강화를 위한 외교의 중요성을 깊이 인식하고 계셨다는 것이다.

사실 김민석 의원님이 내게 KOTOK 간사를 맡아달라고 했을 때 나는 처음에 정중히 거절했다. "저는 국제 외교는 경험이 없고 바쁘고 자신이 없어요. 간사는 일도 많고 그렇다는데 다른 분이 하시면 안 될까요?" 했더니, 김민석 의원님은 "그럴 줄 알고 제가 다 준비했어요. 홍 의원님은 그냥 간사만 맡아주시고 옆에서 배우셔요. 제가 알아서 다 할게요"라고 답하시는 게 아닌가. 처음에는 반신반의했는데, 김민석 의원님은 정말 대사님들 섭외부터 아젠다 선정, 회의 준비까지 다 혼자 알아서 하셔서 나는 그냥 회의실 예약하고 샌드위치 준비하고, 차려진 자리에서 배우기만 하면 되었다.

이후 김민석 의원님은 2023년부터 우리 당의 정책위

의장, 총선상황실장, 수석최고위원 등 중책을 맡아오셨다. 이재명 대통령은 그에 대해 "중요한 자리에서 어려운 문제에 직면할 때마다 든든하게 함께 걸어온 동지이자 친구"라고 표현했다. 이재명 대통령에게 김민석 총리가 가장 기억에 남는 일은 아마도 계엄을 예견하고 함께 대비한 일일 것이다.

이제는 명백한 사실이 되었지만 2024년 9월 이재명 민주당대표가 계엄을 처음 공식적으로 제기할 때만 해도 계엄은 괴담 수준의 이야기로만 여겨지는 분위기였다. 당시 한동훈 국민의힘 당대표를 비롯한 여당 의원들과 윤석열 대통령실은 "근거를 대라"고 이재명 대표를 몰아세웠고, "망상은 그만두라"는 막말까지 나왔었다.

그러나 2024년 12월 3일 밤, 비상계엄은 현실이 되었고 이재명 대표는 국회로 달려가 계엄해제를 주도했다. 이재명 대표는 라이브 방송 영상을 켜고 국회로 출발하면서 의원들과 국민들에게 국회로 와달라고 호소했다. 언제 잡혀갈지도 모르는 일촉즉발의 상황에서 본인 위치가 알려질 위험이 있는 라이브 방송을 하는 일은 결코 쉬운 일이

계엄 이후 탄핵 과정에서 이재명 당 대표와 긴밀하게 협력해 온 김민석 최고위원 (사진 출처: 김민석 의원실)

아니었을 것이다. 이에 대해 김민석 총리는 당시 이재명 대표를 두고 "위기의 순간에 발휘한 순발력과 용기는 국민을 믿고 국민과 함께하는 데서 해결책을 찾는 리더십"이라고 표현했다.

김민석 총리는 이재명 대표가 2024년 12월 14일 탄핵 결의가 되자 비로소 처음으로 국회 밖으로 나가 집회 단상에서 연설하며 '빛의 혁명'이라는 용어를 썼다고 회상하고 있다. 김민석 총리는 당시 이재명 대표가 "그때 단상 위에서 바라본 수많은 응원봉의 빛이 너무 아름답더라"는 이야기를 했던 기억이 난다며, 자신의 저서 《이재명에 관하여》에서 '빛의 혁명' 명명 과정을 다음과 같이 상세하게 밝히고 있다.[2]

> 사실 '빛의 혁명'이라는 호명은 그냥 나온 것이 아니라 '빛고을 광주'로부터 이어지는 흐름속에 있다. 이재명 대표는 19080년 5월 광주의 빛이 촛불을 넘어 빛의 혁명으로 나아갔고, 금남로의 주먹밥이 여의도의 선결제로 부활했다고 말했다. 빛의 혁명이라는 이름을 붙이는 과정에 역사 인식을 갖고 깊이 고민한 흔적이다.

그런데 김민석 의원이 총리로 지명되면서 야당과 언론은 김 총리 후보자를 난타하기 시작했다. 굉장히 오래전에 검찰이 말도 안 되는 것으로 기소해서 유죄판결을 받았는

---

2. 《이재명에 관하여》, pp.26~36, 김민석, 메디치.

데, 김 후보자는 묵묵히 받아들이고 벌금형을 성실히 이행했고, 2억 원의 추징금과 매월 140만 원에 달하는 증가산 증여세도 납부하며 법적·정치적 책임을 다해왔다. 김민석 의원은 십수 년간 모진 세월을 감내한 끝에 국회의원에 다시 당선되고 총리 후보자가 되었다. 이에 대해 인사청문회에서 박선원 의원은 "너무 무심했던 거 같아 친구로서… 정말 죄송하고 미안합니다"라고 김민석 후보자에게 사과하며 울먹이기까지 했다.

스마트하고 시대를 앞서간 능력자라고만 생각했던 김민석 총리님은, 오랫동안 모진 시간을 감수하며 준비해온 끝에 빛의 혁명을 이재명 대통령과 함께 완수한 분이셨다.

○

따뜻한 올어라운더, 이재명 정부의 숨은 조력자

윤호중 행정안전부장관

2019년 11월 중순쯤 '민주당 인재 영입위원회'라고 하며 나에게 누군가로부터 연락이 왔다. 나는 개인적으로 알고 있는 정치인이 한 명도 없어서, 인재 영입위원회 팀장에게 어떻게 나를 알았냐고 물었더니 구글링을 통해서 검색된 기사를 보고 알았다고 답했다. 융합, 경제, 스타트업, 여성, 젊은 등등의 키워드로 인재를 찾고 있었다고 했다. 나는 그분께 "인재일지는 모르겠지만 정치는 생각해본 적이 없습니다. 저는 정치 경험이 많은 분이 정치를 해야 한다고 생각합니다"라고 답하며 영입 제안에 고사를 했다. 그런데 민주당에서는 한 달 넘게 나를 설득했고, 점점 설득되어 나는 결국 민주당과 함께 하기로 마음을 먹게 되었다.

따지고 보면 나를 민주당에 소개한 분은 '구글'님인 것이다. 그런데 나는 국회의원이 되고 핵심 법안으로 2020년부터 "구글 갑질 방지법"을 최초 발의하였고, 다음 해에 본회의에서 통과시켰다. (공과 사는 구분해야 하는 법이다.)

2020년 총선 준비 당시 더불어민주당은 이해찬 당대표님이 인재 영입위원장을 맡으시고, 사무총장이셨던 윤호중 의원님이 추천받은 영입 후보들의 검증 등 총괄업무를 담당하셨다.[3] 윤호중 당시 사무총장님은 인재 영입으로만 끝난 것이 아니라 실제 선거를 잘 치를 수 있도록 경기도당에 특별히 당부해서 내가 공천된 경기 고양병 지역의 당원

---

3. 〈한겨레신문〉, 2019.7.15. 당을 살리는 수혈이 총선승리로…'인재 영입의 방정식'
https://www.hani.co.kr/arti/politics/assembly/901791.html

들이 원팀이 될 수 있도록 신경을 많이 써주셨다. 결과적으로 2020년 총선은 민주당이 국민들로부터 180석의 지지를 받으며 승리한 선거가 되었다.

이에는 많은 분들의 노력과 절실함이 있었고, 당시 사무총장이셨던 윤호중 의원님의 숨은 노력이 있었다고 생각한다. 윤호중 의원님은 이번 21대 대선에서도 6·3 대선에서 선대위 총괄선거대책본부장을 맡아 선거 전반을 진두지휘하며 이재명 대통령의 당선에 핵심적인 기여를 하셨다.

지난 21대 국회에서 나는 원내대변인으로 법사위원장이셨던 윤호중 의원님을 뵈었는데, 법사위에 쟁점 법안들이 많아서 원내대변인이 알아야 할 법사위 현안들이 많았다. 보통은 간사가 가장 많이 알고 있는데, 어차피 최고위에서 만난 김에 법사위원장이신 윤호중 의원님께 법사위 현안들을 질문드렸다. 그런데 거의 그 법안을 발의한 의원들 수준으로 쟁점을 꿰고 계셨다.

나로서는 법안 내용이나 취지를 확인하는 과정에서 여러 사람들을 거치면서 왜곡될 위험이 없어서 매우 다행이었다. 안전하게 언론에 전달할 수 있어서 일이 한결 수월

중앙재난안전상황실에서 열린 국가정보자원관리원 행정정보시스템 화재 관련 중대본 회의를 주재하고 있는 윤호중 행정안전부장관. (사진 출처: 연합뉴스)

했다.

    나는 원내대변인을 마치고 당시 이재명 도지사 경선캠프에서 대변인을 맡게 되었다. 경선캠프 입장에서는 원내의 공정한 입장이 무엇보다 중요하다. 6개월에 걸친 길고 험난한 2021년 대선 경선 과정을 윤호중 원내대표님이 원내에서 중심을 잡고 잘 운영하셨다고 생각한다. 그리고 이재명 지사님이 대선 후보가 되신 후에는, 윤호중 원내대표님이 당의 기존 정책과 후보의 정책공약 등을 최대한 결합하기 위해 많은 노력을 해주셨다.

사실 당시에 이재명 경선캠프의 정책공약과 민주당의 진행 중인 정책들은 즉시 결합하기에는 상당히 간극이 있었다. 그래도 잘 융합이 되어 대선 공약으로 탄생할 수 있었던 것은 윤호중 원내대표의 정책적 실력과 원내에 대한 설득의 노력이 있으셨기에 가능했다고 생각한다. 특히 정책위 의장도 하시고 기재위원을 오래하셔서 경제 분야로는 엄청난 실력자이기도 했다.

2023년 윤호중 의원님은 당내 헌법개정특위를 만들어 당 안팎의 헌법 전문가들, 의원님들과 함께 대한민국의 새로운 미래상을 그리고자 하셨다. 나도 개헌특위 위원으로 활동하며 헌법에 대해 깊이 있게 새겨볼 기회가 되었다. 윤호중 의원님은 기본권과 생명권, 환경권 등 다양한 시대적 요구를 반영한 개헌안을 준비하고 개헌에 대한 국민적 공감대가 충분히 형성될 수 있도록 헌법 공부도 많이 시켜주셨다.

특히 윤호중 장관님은 끝까지 AS를 해주시는 고마운 분이시다. 내가 국회의원이 되기 전, 민주당 인재 영입과 총선을 챙기는 사무총장님으로 만난 윤호중 의원님께, 국회의원이 된 뒤에도 나는 농담처럼 "당선 후에도 AS까지 해주시는 거 아니셨어요?"라고 여쭤보면 한결같이 "당연히 해줘야지"라고 답하셨다.

그런데 정말로 내가 국회의원 임기 후반기에 책을 써서 추천사를 부탁드렸는데, 너무나 죄송하게도 한창 바쁘실 시기에 이틀 여유만 드리고 책 원고를 보내드리고 추천사를 부탁드렸음에도 선뜻 들어주셨다. 더 감사한 것은 그 두꺼운 원고를 다 읽으시고, 과거 나를 인재 영입할 때 검토했던 자료들까지 다 검토하신 뒤 내 원고에 없는 얘기까지도 일부러 넣어서 추천사를 정성껏 써주신 것이다.

윤호중 장관님이 6월 30일 인사청문회 준비단 사무실에 첫 출근하며 기자들에게 밝힌 발언을 보면 평소의 정치 철학과 실력, 따뜻한 성품을 엿볼 수 있다. "앞으로 국민 위에 군림하고 통제하는 정부가 아닌 시민과 시장과 함께하는, 동행하는 정부가 되도록 하겠다." 이재명 정부의 윤호중 장관님은 윤석열 정부의 권위적이고 불법계엄까지 함께 감행한 이상민 전 행안부 장관과는 비교되지 않을 정도의 소통과 협력을 중시하는 새로운 정부 운영 방침을 예고한다.

조직관리와 국방에 진심인
성공한 밀덕

안규백 국방부장관

대한민국 국회에는 여러 가지 상임위원회가 운영되고 있고, 국회의원은 모두 하나의 상임위에 속해서 일을 맡아서 하게 된다. 그중 초선의원들이 가기 꺼려하는 상임위가 있는데, 바로 국방위원회다. 중요성은 누구나 공감하지만 군 출신이 아닌 경우 전문성이 떨어질 것이라는 지적을 받을까 봐, 그리고 지역구에 도움이 안 된다는 인식 때문에 선뜻 나서지 못하는 것이다. 그런데 군 출신이 아님에도 17년 간의 의정 활동 중 14년가량을 국방위원회에서 활동하며 자타공인 군 전문가로 인정받는 사람이 있다. 바로 안규백 국방부장관님이다.

안규백 장관님은 국방위를 선호하며 전문성을 인정받는 이력 때문에 '밀덕(밀리터리덕후)'이 아닌가 하는 긍정적인 의심을 많이 받는다. 국내외 주요 무기들의 제원을 줄줄이 외우고 있는가 하면, 국정감사에서 17년 전 김종태 기무사령관의 수행부관이었던 노영훈 방첩사 군사기밀실장을 알아봐 화제가 되기도 하였다. (매일 아침 〈국방일보〉를 읽는다는 얘기도 있다.)[4] 특히 12·3 계엄 당시에는 발신자 표시제한으로 걸려온 전화를 통해 체포 명단을 제보받아 이재명 당시 당대표에게 공유했으며 이후 내란국조특위의 위원장으로서 내란의 실체를 밝히는 데 맹활약을 했다.[5]

---

4. 2024.12.10. 국방위 전체 회의 영상 중 국방위 16년 짬밥의 클래스, "당신, 17년 전 기무사령관 부관 맞지?" https://youtube.com/shorts/uOsceumuzqY?si=fz26RejPVSI-WIMpD
5. KBS 2025.10.1 "그날 그곳에 있었습니다," 안규백 국방부장관이 취임 이후 특전사를 찾아간 이유 https://youtu.be/3y0PSz3VYNo?si=apP0sL0KI3wT6dkB

2025년 대선을 앞두고 이재명 대통령 후보님은 간담회에서 국방부장관은 민간인이 맡는 것이 바람직하다는 의견을 밝히셨는데, 안규백 의원님은 정말 밀덕이 이룰 수 있는 가장 성공한 자리인 국방부 장관이 되셨다. 1961년 5·16 쿠데타 이후 64년 만의 첫 민간인 출신 국방부장관이 된 것이다. 강훈식 비서실장님은 안 의원에 대해 "국회 국방위원회 간사, 위원장 등 5선 국회의원 이력의 대부분을 국회 국방위원회에서 활동해 군에 대한 이해도가 풍부하다"며 "64년 만의 문민 국방부 장관으로서 계엄에 동원된 군의 변화를 책임지고 이끌어나갈 것"이라고 강조했다.[6]

그런데 안규백 장관님은 이처럼 국회에서는 국방 전문가로 유명하셨지만, 당내에서는 오히려 조직전문가로 명성이 자자하셨다. 1997년부터 김대중 대통령 후보 선거대책본부 조직2국장을 맡은 이후로, 새천년민주당 조직국장, 통합민주당 조직위원장 등을 맡으며 우리 당의 조직 전문가

---

6. 〈뉴시스〉, 2025.6.23. 민간 출신 국방 안규백·민노총 위원장 출신 노동 김영훈…이대통령, 11개 부처 내각 인선. https://www.newsis.com/view/NISX20250623_0003223865

국회 법제사법위원회에서 열린 군사법원 등에 대한 국정감사에서 의원질의에 답변하는 안규백 국방부장관. (사진 출처: 연합뉴스)

하면 안규백 의원님을 떠올리게 되었다. 때문에 안규백 의원님은 20대 대선에서도 2021년 11월 선대위가 출범할 때 공동총괄본부장을 맡게 되셨고 나는 그때부터 안규백 의원님과 종종 뵙게 되었다.

안규백 의원님은 꼼꼼한 배려로 나를 가끔 의원실에 불러 초선이었던 내게 이런저런 조언을 해주셨다. 민주당에서 어려운 시기에 동대문구에서 젊은 당원을 순증시킨 노하우도 알려주시고, 고양에서도 100인회, 500인회를 만들어 조직관리를 해보라는 족집게 강의도 해주시며 정치 선배로서도 멘토링을 해주시기도 했다.

0.73%p로 안타까운 대선 패배 이후 민주당에 있어서 중요한 시기에 당대표와 최고위원 선출을 위한 8월 전당대회 준비위원회(전준위)가 출범하였고, 안규백 의원님은 그동안의 관록과 오랜 당직 경험을 바탕으로 전준위원장이 되셨다. 나는 안규백 의원님의 추천으로 김병욱, 강선우, 박성준, 안귀령 위원 등과 함께 2022년 6월 말부터 한 달 동안 전준위 위원으로 활동하게 되었다.

안규백 전준위 위원장은 당시 "이번 전당대회는 강한 야당으로 거듭나는 변화의 신호탄이 될 것"이라며 "이번 전대는 대선과 지선에서 패배한 우리 당이 나아갈 방향을 설정하는 자리로, 우리 당의 비전과 미래를 두고 치열하게 논쟁하는 당원 동지의 축제가 될 수 있도록 전력을 다하겠다"고 강조했다. 이 8월 전당대회에서 이재명 당대표, 정청래 수석최고위원, 박찬대, 장경태, 서영교, 고민정 최고위원이 선출되면서 2년 동안 윤석열 실정에 대응하고 2024 총선을 성공적으로 이끄는 역할을 했던 것이다.

'성덕'이라는 말이 있다. '성공한 덕후'의 줄임말인데,

여러 가지 뜻이 있지만 자신이 좋아하는 분야에서 인정받아 자타공인 전문가가 된 경우에도 성덕이라고 부르곤 한다. 만약에 2025년 올해의 성덕 어워드가 있다면 나는 국방부장관이 되신 밀덕 안규백 의원님에게 한 표를 기꺼이 던질 생각이다.

환경에 올인한
'이재명표 기후정책'의 설계자

김성환 기후환경에너지부장관

2025년 9월 7일 이재명 정부의 정부 조직 개편안이 공개되었다. 여러 가지 큰 변화가 있었으며 관심 있는 분야도 각각 다를 것이지만 그중 산업통상자원부의 에너지 기능이 환경부와 합쳐져 기후환경에너지부가 된 것은 주목할 만한 변화이다. 기후 위기에 따른 기후변화는 더 이상 소극적으로 대응할 일이 아니기 때문이다. 기상청에 따르면

2025년 여름철 전국 평균기온은 역대 최고치를 갱신했으며, 열대야 일수와 폭염일수도 신기록을 갱신했다. 장마는 짧아졌고, 호우는 집중되어 발생했으며, 해수면온도는 평년보다 0.4도 이상 높은 수치를 보였다. 새롭게 개편된 기후환경에너지부 초대 장관으로 임명된 김성환 의원님은 이런 위기 상황을 타개하고 변화에 앞장설 만한 적임자라고 감히 말할 수 있다.

김성환 의원님은 2020년 이해찬 당대표님께서 나를 인재 영입하실 당시, 당대표 비서실장을 맡고 계셔서 그때부터 인연이 있었다. 김성환 의원님은 함께 인재 영입된 이소영 의원과 나를 따로 불러 조언도 많이 해주시고 격려도 해주시곤 했다. 또한 내가 3년 넘게 산자중기위원회에 있었는데 내내 같은 상임위여서 김성환 의원님의 에너지 관련 전문성에 대해 많이 배우는 기회가 되었다.

특히 2021년 대선 경선 과정에서 이재명 후보를 지지하는 민주평화광장의 발기인으로 함께 하면서 더욱 가까워졌다. 이재명 경기도지사의 전국 조직 '민주평화광장' 공동대표를 맡은 조정식 의원님은 당시 "이해찬 지도부 때 비

정부세종청사 대강당에서 열린 기후에너지환경부 출범식에서 출범사를 하는 김성환 기후에너지환경부 장관. (사진 출처: 연합뉴스)

서실장을 했던 김성환, 대변인을 한 이해식, 지명직 최고위원이던 이형석·이수진(비례), 영입인재 1호였던 최혜영, 청년위원장이던 장경태, 대학생위원장이었던 전용기, 또 원내대변인을 하던 박성준·홍정민 의원 등이 민주평화광장의 토대를 세웠고, 거기서 대선에서 승리할 수 있는 후보로 이재명 지사로 중지가 모아진 것"이라고 밝히기도 하셨다.[7]

"김성환 의원은 우리 당의 정책 전문가다."
이 평가는 내 개인적 견해가 아니라 고(故) 노무현 대통령께서 하신 말씀이다. "386세대는 정무·민정 업무에는 탁월한데, 정책 만드는 일을 잘하는 이가 별로 없다. 김성환이 유일한 예외"라고 말씀하실 정도였다. 김성환 의원님은 참여정부 때인 2003~2006년 청와대에서 정책조정비서관 등으로 일했다. 김 의원님은 언론에서 청와대에서 4년간 지낸 일을 "용케 살아남았다"고 밝혔는데, 그 경험이 깊은 내공의 시작이었을 것이다.[8]

김성환 장관님은 이재명 당대표 시절 정책위 의장을 맡으셨고, 이재명 대통령 후보 시절 선대위의 정책본부 공동본부장으로 참여해, 기후·에너지 공약을 설계하는 핵심 역할을 담당했다. 또한 기후위기탄소중립위원회 상임공동위원장으로서 당의 중장기 에너지 전환 전략을 구체화하며 '이재명표 기후정책'의 밑그림을 그려왔다.[9]

---

7. 〈오마이뉴스〉, 2021.5.28. 이해찬 지도부가 토대 세워… 이재명, 이길 수 있는 후보
   https://www.ohmynews.com/NWS_Web/View/at_pg.aspx?CNTN_CD=A0002746916
8. 〈서울퍼블릭뉴스〉, 2016.1.27. [자치단체장 25시] 김성환 서울 노원구청장
   https://go.seoul.co.kr/news/newsView.php?id=20160128014003
9. 〈경향신문〉, 2025.6.23. 김성환 환경부 장관 내정자는 누구? '이재명표 기후정책' 주도
   https://www.khan.co.kr/article/202506231615011

김성환 의원님은 제22대 국회에서는 기후위기특별위원회 등에서 활동하며 재생에너지 확대에 힘썼다. 신에너지 및 재생에너지 개발·이용·보급 촉진법 개정안, 영농태양광 발전사업 지원에 관한 법률안, 고준위 방사성폐기물에 관한 특별법안, 분산에너지 활성화 특별법안, 수소경제 육성 및 수소 안전관리에 관한 법률 개정안 등 굵직한 에너지 관련 법안들을 대표 발의하셨다.

김성환 장관님의 의원실에 가보면 지구와 동물 모형이 있고 시계도 지구 모양의 시계를 쓰시는 것으로 유명했다. 기후 위기가 이렇게 피부로 와닿기 전부터 꾸준히 환경에 대한 관심을 보이고 활동을 해온 김성환 의원님이야말로 새로이 출발하는 기후에너지환경부를 맡을 적임자라고 생각한다.

○

믿고 쓰는 집권 여당 일꾼이자
집념의 부산 사나이

전재수 해양수산부장관

전재수 의원님과는 2020년 5월, 21대 첫 원내대표단 인연으로 만났다. 당시 민주당은 단독 180석을 얻은 압도적 제1당이자 여당이었다. 21대 1기 원내대표로 당선된 김태년 전 원내대표님은 청와대 및 행정부 각 부처와의 당·정·청 관계도 잘 챙겨야 하고, 국회에서 거대여당으로서 민주당이 잘 자리매김할 수 있도록 일 잘하는 민주당 모습을 보여주기 위해 고민이 많으셨다.

그래서 김태년 원내대표님은 기존 원내수석 외에 추가로 선임원내부대표직을 신설했다. 이 때 "선임부대표는 김영진 원내총괄수석부대표와 함께 국회 운영 전반과 중점과제 관리 등 중책을 분담할 것"이라고 하며 전재수 의원님과 조승래 의원님, 두 분의 재선의원을 임명했다. 당시 전재수 의원님이 1기 원내대표단의 중요 임무를 맡은 이유는 "당·정·청을 두루 경험한 민생경제 전문가"라고 소개되었다.[10]

실제 전재수 의원님은 노무현 대통령 청와대 국정상황실 행정관, 재경부 장관 정책보좌관을 거쳐 20대 국회에서도 교문위, 정무위, 예결위, 민생경제특위 등 여러 상임위에서 활약하셨다. 전재수 의원님은 집권 여당이 다수당이 된 큰 변화 속에서 중심 잡고 일 잘할 수 있는 적임자라고 평가받았다. 여기서 반전은 당시에 늘 백발을 고집하셨고 이력이 꽤 길어서, 당연히 나이가 많으신 줄 알았다. 그런데

---

10. 〈국제신문〉, 2020.5.12. 여당 선임 원내부대표에 전재수 https://www.kookje.co.kr/news2011/asp/newsbody.asp?key=20200513.22005003351

2024년 전재수 의원님이 지역 주민분들과 대화하는 모습. (사진 출처: 전재수 의원실)

71년생이라 2020년 기준 40대의 젊고 역동적인 일꾼 역할도 하셨다는 것이다. 물론 아직도 젊으시다.

전재수 의원님은 MBN 판도라 등 여러 방송에 고정 출연을 많이 하셨다. 반응이 좋았기 때문이다. 방송에서 패널로 출연하면, 매우 정쟁적인 이슈에 대해서도 품격 있고 쉬운 표현으로, 그러나 메시지는 분명하게 얘기한다. 그래서 우리 지지자들도 좋아하고, 적어도 중립적인 국민도 끄

덕끄덕하며 정치·시사적인 이슈에 대해 어느 정도 납득했던 것 같다.

그런데 전재수 의원님은 선거가 다가오자 1년 전부터는 방송을 하나씩 정리하셨다. 이유를 물었더니, "이제는 지역에 가야지"라고 대답하셨다. 주요 당직도 모두 고사하고 지역에 최선을 다하셨다. 이유를 들어보니, 전재수 의원님은 부산이라는 어려운 험지에서 4수 끝에 처음 당선되었고 민주당 바람 속에 재선이 되셨다고 한다. 앞으로도 언제든 바람이 반대로 불면 낙선할 수도 있는 상황이었다. 때문에 후보자 등록 6개월 전까지는 이미 선거운동을 압도적으로 끝내 놓아야 승리를 기대해 볼 수 있다고 하셨다.

전재수 의원님은 방송에서뿐 아니라 지역에서도 좋아하는 정치인이라 지역을 다닐수록 팬이 늘어난다. 그래서 지역의 유권자들이 "전.재.수"라는 이름 석자만 보고도 찍을 수 있도록 전재수 의원님은 운동화 몇 켤레가 닳고 또 닳도록 지역을 누비고 다니신다.

그런데 나는 이런 온화한 인상의 전재수 의원님으로부터 집념의 부산 사나이 면모를 보았다. 2020년 당시 원내대변인이라 원내대표님 방 바깥쪽 회의실에서 업무를 보거나, 내부 전략회의를 하거나 대기하는 일이 많았다. 그런데 21대 국회 임기가 시작되자마자 전재수 의원님이 심각한 얼굴로 자주 오시면서 김태년 원내대표님과 독대를 하는 일이 많았다.

처음에 나는 풀리지 않는 원내 현안이나 심각한 당 현안이라고 생각했었다. 그런데 어느 날 원내대표님이 방 밖으로 나오시는데 전재수 의원님이 밀착해서 따라가며 "아~ 형님, 정말 이럴 낍니꺼? 우리 가덕도 꼭 해야 합니더" 하시면서 (내 눈에는 막무가내로 보일 정도로) 조르시는 거다. 그제서야 전재수 의원님이 김태년 원내대표님을 몇 달 동안 왜 그렇게 스토커처럼 따라다녔는지 알게 되었다.

전재수 의원님의 불굴의 의지와 함께 부산 지역구 최인호, 박재호 의원님의 엄청난 노력으로 21대 국회 개원 1년도 안 된 시점인 2021년 2월에 가덕도 신공항 특별법은 국회 본회의를 통과했다. 전재수 의원님은 그렇게 선하고 점잖으신 얼굴로 한번 마음 먹으면, 될 때까지 해보는 집념의 부산 사나이었다.

제대로 매운맛, 행동하는 학자

주병기 공정거래위원장

2025년 8월 13일, 초대 공정거래위원장 후보자로 지명된 주병기 서울대 경제학과 교수는 소득 불평등 해소와 공정 경제체제 분야 권위자로 꼽힌다. 후보자에 대한 대통령실 공식 소개에 따르면, 강훈식 비서실장은 "주 후보자는 서울대 분배정의연구센터 대표를 역임하며 소득 불평등 해결과 공정한 경제 체계를 연구해 온 학자"라며 "하도급·담

정부종합청사에서 열린 국무회의에서 주병기 신임공정거래위원장이 발언하고 있다. (사진 출처: 연합뉴스)

합·내부거래 등 고질적 불공정을 타파하고 공정한 시장 질서 확립이란 국정 철학을 치밀하게 구현할 경제 검찰의 새로운 수장"이라고 설명했다. 주병기 교수는 1969년생으로 서울대 경제학과에서 학사와 석사학위를 받고 미국 로체스터대에서 박사학위를 취득했다. 이후 미국 캔자스대와 고려대를 거쳐 현재 서울대에 재직 중이다.[11]

주병기 교수님에 대한 언론의 평가는 "내부거래 저격수, 징벌적 처벌로 강력한 재벌규제를 본격화할 것"이라면서 대통령실 공식 소개보다는 좀 더 센 면모를 강조했다.

두 가지 정도의 언론 소개를 보면 다음과 같다.

① 내부거래 '저격수' 주병기 온다…공정위 새 수장에 재계 '긴장'[12]

기업의 고질적 병폐로 내부거래를 꾸준히 지적해온 주병기 교수의 등판에, 재계 관계자는 "주병기 후보자는 내부거래의 구조적 문제를 누구보다 잘 아는 인물"이라며, 계열사 부당 지원, 일감 몰아주기 등으로 '공정 경제' 이슈 관련 기업들이 긴장하고 있다고 밝혔다. 주병기 교수는 내부거래, 오너일가 갑질 등 기업의 불공정 행위에 대해 지속해서 비판의 날을 세워온 학자다.

② 주병기 공정위원장 후보…"징벌적 처벌로 일감 몰아주기 근절해야"[13]

주병기 교수가 그려온 기업관의 핵심은 공정한 경쟁을

---

11. 〈한경비즈니스〉, 2025.8.15. 새 정부 경제팀 인선 마무리 https://naver.me/Greqsu8D
12. 〈머니S〉, 2025.8.14. 내부거래 '저격수' 주병기 온다… 공정위 새 수장에 재계 '긴장' https://www.moneys.co.kr/article/2025081415373937214
13. 〈글로벌에픽〉, 2025.8.14. 주병기 공정위원장 후보… "징벌적 처벌로 일감 몰아주기 근절해야" https://www.globalepic.co.kr/view.php?ud=20250814141153749148439a4874_29

통한 혁신 생태계 구축이다. 재벌의 특권적 지위를 해체하고 중소벤처기업이 공정하게 경쟁할 수 있는 환경을 만들어야 한다는 것이 그의 일관된 주장이다. 주 교수의 재벌규제 철학에서 가장 주목할 부분은 '징벌적 처벌'에 대한 강조다. 이는 기존의 솜방망이 처벌로는 재벌의 불공정 행위를 근절할 수 없다는 현실 인식에서 나온 것으로 보인다. 주병기 교수가 공정거래위원장으로 취임하면, 그가 오랫동안 주장해온 강력한 재벌규제와 공정 경제 실현이 본격화될 것으로 전망된다.

대통령실의 공식 소개와 언론의 평가는 일단 맞다. 그런데 내 견해로는 좀 더 매운맛이다.

① 언론에서의 평가는 다소 순화된 측면이 있다

주병기 교수님을 실제로 뵈면 더 열정 넘치고 타협은 없어 보인다. (그만큼 개혁에 순수하고 진심이다.) 작년 4월경 올라온 유튜브 영상은 100만이 넘는 조회수를 달성했다.[14] 그동안 서울대 교수 정도의 기득권층에서 이렇게 사회 개혁을 강력히 주장하고, 청년들의 문제에 분노하며 공감해준 사람이 있을까? 주병기 교수님의 이런 면에 청년들도 열광한다. (게다가 이 영상은 한국 경제에 대한 토론 중에 갑자기 주병기 교수님이 급발진하며 평소에 생각하던 사회 개혁을 주장한 것이라 갑작스럽고 엉뚱하면서도 재밌어서 더 조회수가 높았던 것 같다.)

② 누구보다 행동하는 학자다

12·3 계엄 이틀 뒤에 서울대 동료 교수들과 함께 시국선언문을 내고 "위헌적이고 불법적인 비상계엄을 선포한 죄, 군대를 동원하여 국회를 침탈하고 국헌을 문란하게 한 죄를 물어 당장 윤석열을 체포하라"고 주장했다.[15] 그리고 일주일 뒤에는 윤석열의 즉각적인 탄핵소추를 촉구하는 경제·경영학자 시국선언 1차 제안교수로 실명을 올려 참여를 독려했다.

---

14. 2024.4.4. 경제위기 토론하다가 열변을 토하는 서울대 경제학부 주병기 교수 https://m.youtube.com/shorts/Y7IIS_DhrDc
15. MBC뉴스, 2024.12.5. 서울대 교수들 2차 시국선언 "내란 수괴 윤석열, 더 이상 대통령 아냐" https://imnews.imbc.com/news/2024/society/article/6663604_36438.html

③ 반박하기 힘든 경제학적 이론, 통계 근거로 무장하고 있다

주병기 교수님은 국제학술지 〈Journal of Institutional and Theoretical Economics〉 편집장, 한국응용경제학회장 등을 역임했다. 주요 연구 분야는 미시경제학, 재정학, 정치경제 등이고 분배적 정의, 불평등과 소득분배, 공정한 경제기제 등의 주제로 연구와 교육 활동을 활발하게 하고 있다. 즉 경제학 이론적 측면에서 주류경제학의 논리를 충분히 활용하고 계시고 논문과 저서도 많다. 주요 저서로는 《분배적 정의와 한국사회의 통합》, 《정의로운 전환》, 《정책의 시간》, 《혁신의 시작》 등이 있다.

주교수님이 수년 동안 꾸준히 기고한 〈오피니언 경제직필〉 칼럼만 봐도 논리나 데이터 없이 주장하는 건 없다.[16] 이 칼럼의 일부를 인용하면 다음과 같다.

---

16. 〈경향신문〉 칼럼, 2021.2.3. 위기의 양극화, 방관은 독이다
https://www.khan.co.kr/article/202102030300025/

정부의 사회복지 지출 비중은 아직도 OECD 회원국 최하위 수준이고 그 평균 수준에 이르려면 국내총생산의 약 10%나 더 지출해야 한다. 복지전달 체계와 인력구조 역시 후진적이다. 더군다나 조세와 정부보조의 누진성도 낮아 충분한 소득재분배가 이루어지기 어려운 구조다.

이처럼 양극화된 노동시장과 취약한 사회복지는 한국 경제의 아킬레스건이다. 재난과 경제위기 상황에서 더더욱 그렇다.

그런데 주병기 선배님은 엄청 겸손하시고 공손하시다. 저 100만 조회 영상도 "별 내용도 없는 평범한 얘긴데… 왜 조회수가 많은지 의아하군요"라는 반응이었다. 권위적이지 않고, 청바지 입고 다니시며 공손하게 논리적으로 논하시니, 내가 본 세미나에서는 주 교수님이 발표하신 모든 아젠다들이 매우 진보적인데도 설득력이 높았다. 주병기 선배님의 공정하고 정의로운 경제를 응원한다.

○

약자의 눈높이에서
할 말과 할 일을 하는 사람

최혜영 국무총리실 공보실장

김민석 국무총리를 보좌할 국무총리비서실의 공보실장에 최혜영 전 더불어민주당 의원이 임명됐다. 2025년 8월 7일이었다.[17] 이보다 앞선 2019년 12월 26일, 더불어민주당은 21대 총선 1호 영입인재로 '40대 여성 장애인' 최혜영 교수

---

17. 〈파이낸셜뉴스〉, 2025.8.7. 총리 정무실장에 이후삼, 공보실장에 최혜영 전 민주당 의원
https://naver.me/59UellQe

를 선택했다. 오전 중앙당사에서 최혜영 교수를 1호 인재로 영입한다고 밝혔다.

신라대학교 무용학과에 다니며 발레리나가 되기를 꿈꿨던 최혜영 교수는 스물네 살이 되던 해 빗길 교통사고를 당해 척수장애를 가지게 됐다. 최 교수는 영입 당시, "휠체어에 앉아 있는 저의 눈높이는 남들보다 늘 낮은 위치에 머문다. 국민을 대하는 정치의 위치가 그래야 된다고 믿는다"며 "저는 소통의 다리를 잇는 사랑의 작은 끈이 되고 싶다"고 포부를 밝혔다.[18]

최혜영 공보실장은 대학교수 시절인 2009년 한국장애인인식교육센터를 설립해 센터장을 맡아 장애인 인식 개선에 앞장섰다. 그리고 의원시절에는 정말 열심히 일하는 의원이었다. 국회 보건복지위원회와 여성가족위원회에 있으면서 181건의 법안을 대표 발의하고, 180여 건의 토론회를 주최하여 늘 소통하고자 했다. 그녀가 통과시킨 법안 중 몇

---

18. 〈한겨레신문〉, 2019.12.26. 민주당 첫 영입인재…척수장애인 최혜영 교수
https://www.hani.co.kr/arti/politics/assembly/922183.html

보건복지위원회 전체회의에서 법률안 제안설명을 하고 있는 최혜영 의원 (21대 국회) (사진 출처: 연합뉴스)

개만 들면 아래와 같다.

① 신생아의 출생 정보를 의료기관이 등록해 '유령 아동' 발생을 막도록 하는 「가족관계등록법」 개정안
② 장애인권익옹호기관이 학대 피해 장애인의 신분 조회를 요청할 경우, 국가 및 지자체가 협조하도록 해 신속한 지원을 할 수 있도록 한 「장애인복지법」 개정안 (피해장애인 중 일부는 스스로 신분을 정확히 알지 못하는 까닭에 보호, 치료는 물론 행정절차 등 지원을 하기 위해 신분 조회가 필

요한 상황이었다.)

③ 무인정보단말기(키오스크)와 모바일 소프트웨어에 장애인의 접근성을 보장하는 「장애인차별금지 및 권리구제 등에 관한 법률」 개정안

(최 의원은 "장애인은 햄버거 하나 주문하기도 버거운 현실이다. 개정안을 통해 장애인이 비장애인과 동등하게 디지털 기술 혜택과 유용함을 누릴 수 있는 환경을 구축하는 계기를 마련하겠다"고 밝혔다.)

최혜영 의원은 나에게는 생활 속에서 체험형으로 교육을 해준 친구 같은 선생님이었다. 혜영이는 나보다 훨씬 더 씩씩하고 밝고 인싸여서 사람들도 잘 챙긴다. 먼저 모임을 만들고 나를 초대하는 일도 많았고, 바쁘거나 정신줄 잘 놓는 나를 위해서 꼭 모임 전날 전화까지 해서 나를 챙겼다.

혜영이를 처음 만난 2020년 초 이후로 지금까지 나는 혜영이에게 장애가 있다는 걸 깨닫지 못한 날이 훨씬 많았다. 혜영이는 똑 부러지고 말도 잘하고 술도 엄청나게 잘

국무총리실 국정감사에 참여한 최혜영 공보실장. (사진 출처: 최혜영 페이스북)

먹고, 나보다 한 살 어리지만 언니처럼 나를 잘 챙겨줘서, 혜영이에게 불편한 점이 있을 거라는 사실을 망각하게 만드는 매력이 있다.

그런데 내가 좋아하는 혜영이가 국회 본회의장에서 휠체어 때문에 같은 상임위인 복지위원들과 앉을 수가 없었고, 우리가 무심결에 예약한 식당이 엘리베이터가 없는 2층이라 여러 명이 좁은 계단을 휠체어와 함께 들고 이동해야만 했다. 일행들 모두 너무 미안하고 부끄러워했다. 그때마다 혜영이는 감정적이거나 개인적인 불평 대신 "비장애인이라 몰랐을 거야. 나랑 같이 다니니까 알게 됐잖아. 바꾸면 좋겠어"라는 말로 우리에게 깨달음을 주면서 국회 시설도 바꾸고 우리 인식도 많이 바꿔줬다.

이런 최혜영 전 의원이 국무총리실의 공보실장이 되어 참 기대가 된다. 이런 보석 같은 인재를 임명하신 김민석 총리님의 혜안도 놀랍다. 약자의 눈높이에서 할 말 다 하는 최혜영 공보실장을 응원해 본다.

3장

여의도
사람들

정청래 당대표 · 김병기 원내대표 · 김병주 최고위원 · 박찬대 전 원내대표
· 김영진 교육연수원장 · 김민기 국회사무총장 · 홍성국 최고위원 · 이소영 국회의원
· 허영 원내정책수석 · 강선우 국제위원장 · 울릉도 모임

헌법을 사랑한
이재명의 친구

정청래 당대표

올해 전당대회는 광복 80년, 민주당 70년이 된 뜻깊은 해에 개최되었다. 폭염 속에서도 당원분들께서 킨텍스 10홀을 한가득 메워주셨다. 나도 참석해서 대의원으로서 소중한 한 표를 행사했다. 당선인 발표 직후, 정청래 당대표와 박찬대 후보가 서로를 끌어안았다. 누가 되든 상관없이 우리 당과 대한민국을 위해 함께 나아가겠다는 동지애가 느

꺼졌다. 더 인상 깊었던 건 그다음이었다. 정청래 대표는 당선 인사보다 먼저 박찬대 후보를 무대 위로 다시 불러 세워 함께 경쟁했던 동지를 향해 가장 먼저 손을 내미는 모습이었다.

정청래 대표님은 항상 그런 모습의 정치인이었다. 정청래 의원님은 2016년 20대 총선 당시 김종인 비대위원장 체제 때 공천에서 배제되었지만 당의 결정을 묵묵히 받아들이고 손혜원 후보를 전격적으로 도왔다. 오히려 컷오프 이후에 지역구민들의 더불어민주당에 대한 반감이 있었는데, 공천 배제를 못 받아들이겠다면서 탈당해서 무소속으로 출마하라고 정청래 의원님을 붙잡고 하소연했다고 한다.

하지만 정청래 의원님은 "손혜원의 당선은 곧 정청래의 당선"이라고 말하며 선거 지원에 나섰고, 지역구에서는 손혜원 의원이 승리할 수 있었다.[1] 앞에 서 있을 때는 뒤에 따라오는 사람을 끌어주고, 뒤에 서게 되면 앞에 선 사람이 잘 해낼 수 있도록 묵묵히 뒤에서 밀어주는 정치인이다.

---

1. 〈머니S〉, 2016.4.1. 정청래 "손혜원 당선이 정청래 당선…120석 얻지 못하면 성공 못한 것" https://www.moneys.co.kr/article/2016040107408060737

2020년 21대 국회 첫 등원 기념 정청래 의원님, 박성준 의원님과 셀카

정청래 의원님을 처음 뵌 건 2020년 초, 영입인재들을 위한 강연에서였다. 당시 TV에서만 보던 유명 정치인을 처음 봐서 신기했는데, 정청래 의원님은 정치가 완전 처음인 영입인재 임오경 의원님, 최혜영 의원님과 나를 따로 챙기면서 여러 노하우를 가르쳐주셨다. 국회의원 1년 차 때 후원금 모금이 잘 안 되었을 때에도 자신의 유튜브에서도 홍정민 후원을 독려해주셨고, 개국본 유튜브에 나가서도 본인 후원금보다 내 후원금 걱정을 더 해주셨다.

2023년 산자중기위원회 기념사진에서 정청래 의원님과 함께

그리고 국회의원 당선 후 원내대변인을 함께한 박성준 의원님과 내게 밥을 사주시면서 정치 인생에 대해 많은 이야기를 해주셨다. 그때 정청래 의원님은 나에게 법조인이 헌법 정도는 외우고 있어야 한다고 하시며 헌법을 암송하셨는데, 그 암기력과 진정성에 정말 놀랐던 기억이 있다. 정 의원님은 헌법기관인 국회의원은 헌법을 늘 새기며 수호해야 한다는 의미로 암송하고 다닌다고 하셨다.

정청래 의원님의 헌법에 대한 존중과 애정은 이번 12·3

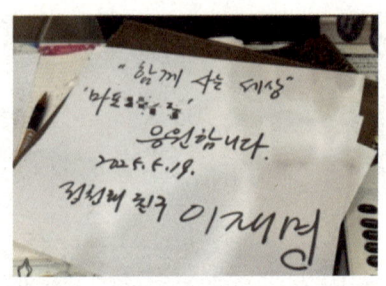

2025년 5월 홍대거리 대선 유세에서 이재명 후보가 남긴 서명

불법계엄으로 탄핵을 당한 윤석열의 헌재 탄핵 심판 때 빛을 발했다. 국회의 윤석열 탄핵소추 가결 이후, 정청래 의원님은 법사위원장으로서 탄핵소추의결서를 헌법재판소에 전달하고 기일에 출석하며 본회의에 내용을 보고하는 등 윤석열 탄핵에 큰 역할을 하셨다. 정청래 법사위원장은 당시 탄핵소추단 법률대리인단으로 김이수 전 헌법재판소장 권한대행과 송두환 전 헌법재판관, 김진한 전 헌법재판소 헌법연구관, 이광법 전 이명박 내곡동 사저 매입 의혹 특별검사 등 17명을 꾸려 헌법재판에 만전을 기했다.

그리고 헌법재판소는 2025년 4월 4일 오전 11시 22분 헌법재판관 8명 전원일치로 국회 측의 윤석열 대통령 탄

2025년 9월 전국여성위원회 임원진 워크숍에서

핵소추를 받아들여 윤 대통령을 파면했다. 정청래 의원님은 헌재의 윤석열 파면 결정이 나온 뒤 "헌법의 적을 헌법으로 물리쳐준 헌재의 현명한 역사적 판결에 깊이 감사드린다"고 밝혔다.

정청래 당대표님은 이재명 대통령님과 2007년부터 인연을 맺었다고 한다. 정동영 대선후보(현 통일부장관)의 캠프에서 각각 역할을 맡아 함께 일을 하셨다. 정치적 동지로 18년을 함께 해온 셈이다. 긴 시간 동안 동지로서 서로를 끌어주고 밀어주면서 함께 해오셨는데, 2022년 이재명 대통령(당시 당대표)님이 당대표가 되셨을 때 그 우정과 의리가 빛나기 시작했다고 하겠다.

  2022년 민주당 전당대회에서 최고위원 후보로 출마해 득표율 1위로 수석최고위원에 올라 이재명 1기 지도부에 합류하였으며 이재명 당대표에게 힘을 실어주었다. 스스로를 "이재명 지킴이 정청래입니다"라고 밝히기도 했으며, "동지는 비가 오면 같이 맞아주는 것"이라고 말하며 이재명 대통령이 가장 힘들 때 옆에 있어 주겠다는 의지를 분명히 하기도 하셨다.[2)]

  정청래 당대표님은 당대표 당선 이후에 이재명 대통령님의 1순위 국정과제인 검찰개혁에 있어서도 당대표로서 강한 추진력을 보여주며 당에서 주도하는 검찰개혁에 앞장서고 있다. 정청래 대표님의 단호한 발언과 추진력은 개인적인 신념뿐만 아니라 18년 전부터 이재명 대통령님과 함께 걸어온 개혁의 길을 끝까지 완성하려는 실천의 표현일 것이다. 그렇기에 이재명 대통령님이 2025년 5월 19일 서울 홍대거리에서 유세를 할 당시 '정청래 친구 이재명'이

---

2. 문화일보, 2023.1.27. 정청래 "나오지 말란다고 안가나"…이재명 검찰 출석 동행 주장
https://www.munhwa.com/article/11340909

라고 서명을 남긴 것은, 18년 동안 의리를 지켜온 동지이자 친구인 정청래 당대표에게 바치는 헌사이자 개혁을 함께 하자는 약속일 것이라고 나는 생각한다.

측은지심과 시대정신을 가진 리더

김병기 원내대표

지난 7월 중순에 기록적인 폭우로 경기도 가평과 경남 산청에서는 사망, 실종 등 큰 인명피해가 있었고, 충남, 광주, 전남, 전북에서도 농경지 유실, 주택·도로 침수 피해가 엄청났다. 당시 충남 아산 피해 현장에 달려간 김병기 원내대표님의 페이스북 포스팅을 보았다.

"수마가 재산만 할퀸 것이 아니라 주민들의 마음에도

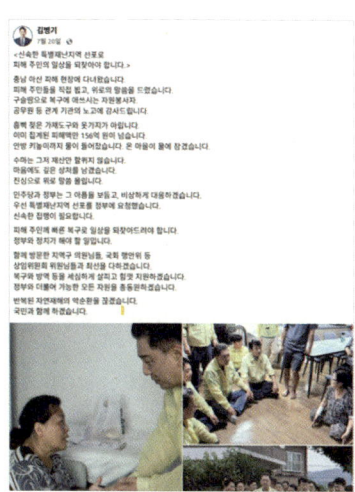

2025.7.20. 김병기 원내대표 페이스북 게시글

깊은 상처를 남겼습니다. 진심으로 위로 말씀 올립니다."

안타까운 마음으로 위로를 전하는 의원님의 글에서 깊은 진정성을 느꼈다.[3] 여당의 원내대표로서 특별재난지역 선포를 정부에 요청하셨다고 한다. 그냥 정치인의 관행적인 수해현장 사진과 발언일 수도 있겠지만, 김병기 대표님의 발언은 왠지 진심으로 느껴진다. 그런 분인 걸 알기

---

3. 2025.7.20. 김병기 원내대표 페이스북 링크
   https://www.facebook.com/share/p/1M6wKjTww9/?mibextid=wwXIfr

김병기 전 국정원 인사처장이 국회에서 열린 인재영입 기자회견에서 인사말을 하고 있다. 2016.1.26. (사진 출처: 연합뉴스)

때문이다.

 김병기 의원님은 2016년 더불어민주당 인재 영입을 통해서 정치에 입문하셨다. 당시 민주당은 "사람이 온다는 것은 실은 어마어마한 일이다. 그 사람의 일생이 오기 때문이다(출처: 정현종의 〈방문객〉)"라는 모토로 다양한 분야의 인재들을 영입하며 2016년 총선 준비를 했었다. 그리고 영입한 김병기 전 국정원 차장을 "정보기관의 선진화 방안을 이끌어낼 전문가이며, 더 유능한 국정원으로 혁신할 수 있는 최고의 인력"이라고 소개했다.[4]

당시 김병기 의원님은 입당인사에서 이렇게 말했다.

"국정원 개혁의 목표는 더 유능한 정보기관으로 거듭나도록 하는 것입니다. 민주주의로 훈련되지 않은 정보기관은 '주관적 애국심'에 사로잡히게 됩니다. 저는 국정원을 어떤 방식으로 운영하고 혁신하면 신뢰받는 조직으로 나아가게 할 수 있는지에 대해 실무와 이론을 정립하고 있습니다. 국민의 민주 의식에 걸맞은 유능한 정보기관으로 거듭나는 길을 찾겠습니다."

'12·3 비상계엄' 사태 당시 내란에 가담한 혐의로 기소된 군, 경찰, 경호처 수뇌부들이 재판에서 "직접 공모에 가담하지 않았고 위법성 인식이 없었다"는 취지로 항변하는 것을 보면, 민주주의로 훈련되지 않은 권력기관은 위험할 수 있다는 김병기 의원님의 9년 전 입당인사가 지금 더

---

4. 〈경향신문〉, 2016.1.26. 더민주. 김병기 전 국가정보원 인사차장 영입
https://v.daum.net/v/20160126111913175

욱 와닿는다. 김병기 의원님은 10년 동안 '민주의식을 가진 정보전문가'로서 뚜벅뚜벅 외길을 걸어온 영입인재였던 것이다.

 김병기 의원님은 2020년 총선 후 얼마 지나지 않아 내게 따로 밥을 사주시면서 이런 저런 조언들을 많이 해주셨다. 본인도 인재 영입으로 4년 전에 들어왔는데, 초선 4년을 정신없이 달려왔다고 하셨다. 당을 잘 모르고 경선준비도 해본 적이 없어서 재선 과정에서 많이 힘들었다는 말도 덧붙이면서 앞으로도 언제든 밥 사줄 테니 궁금한 거 있으면 편하게 물어보라고 했다. 바쁘신 와중에도 일부러 챙겨주신 걸 보면, 나 같은 정치후배에게 측은지심을 느끼신 것 같다. 기본적으로 마음이 따뜻한 분이다.

 그리고 2021년 이재명 경기도지사 경선캠프에서 내가 대변인을 맡고 있을 때, 김병기 의원님은 현안대응TF 단장을 맡으시면서 또 여러 가지 말씀을 해주셨다. 의원님은 인재 영입으로 2016년에 입당하셔서 오랜 계파가 없으셨다고 한다. 비전을 보고 시대정신을 보고 왔다고 하셨다. 이

왕 왔으니 열심히 해보자고 했다.

당시 대선은 경선 때부터 유독 네거티브 보도가 많았는데, 김병기 현안대응TF 단장은 "대통령후보에 대한 거짓정보와 가짜뉴스를 퍼뜨리는 언론사의 행태는 공기가 아닌 흉기"라며 "악의적으로 선거에 개입해온 일부 보수언론의 실상을 철저하게 밝혀내겠다"고 적극 나서며 국정원 출신답게 조목조목 반박을 잘 하셨다.

▲ 시장실 방문 일반인을 조폭으로 날조한 명예훼손성 보도. 〈조선일보〉
▲ 조직폭력배 박철민 돈다발 사진 관련 허위보도. 〈펜앤드마이크〉
▲ 조직폭력배 박철민 관련 기자회견에 대해 자사의 앞선 보도마저 부정하는 사설. 〈문화일보〉
▲ 조폭이 운영하는 매장에 이재명후보 부부 방문 관련 허위사실 주장. 〈채널A〉

위의 보도에 대해 허위왜곡 보도라며 정정보도를 청구

하여 여론에서 일방적으로 불리한 상황을 어느 정도 반전시키는 데 많은 도움이 되었다.

이처럼 정보전문가의 전문성을 10년 동안 잃지 않으면서도, 측은지심과 시대정신을 갖고 있는 리더가 이재명 정부의 초대 원내대표가 되었다. 국민들은 복합위기 상황에서 출범한 이재명 정부에 거는 기대가 큰 상황이다. 때문에 대통령실과 정부, 집권여당인 민주당과 원내의 긴밀한 소통과 협력이 그 어느 때보다 중요하다. 김병기 원내대표님은 이재명 정부의 성공을 통해 국민들에게 희망을 줄 수 있는 원내대표가 될 것으로 기대한다.

손자병법을 마스터한 전략가, 계엄을 대비하다

김병주 최고위원

중국 전국시대의 병법서 《손자병법》은 한국에서도 제목은 모르는 사람이 없을 정도로 유명한 고전이다. 《손자병법》은 전쟁의 전략과 전술뿐 아니라 외교, 정치, 심리, 천문, 지리를 총 망라하는 다양한 내용을 포함하고 있다. 우리 당에도 예전부터 《손자병법》 마스터로서 당 뿐만 아니라 대한민국의 전략가로 예전부터 활약하고 있는 분이 있는데,

바로 김병주 의원님이다.

《손자병법》은 싸움의 기술만큼이나 관계의 기술을 더 중요하게 생각했는데, 관련된 유명한 구절이 있다. "백전백승은 최선이 아니다. 싸우지 않고 이기는 것이 최선이다(百戰百勝 非善之善也 不戰而屈人之兵 善之善者也)." 김병주 의원은 이 원리를 현실의 외교·안보 현장에서 실천했다. 한미동맹을 끈끈하게 강화함으로써, 전쟁억지력을 강화하여 싸우지 않고 이기는 방법을 실현한 것이다.

나는 이런 김병주 의원님을 2020년 초 민주당 인재 영입 3호로 처음 만나게 되었다. 김병주 의원님은 한미연합사 부사령관 시절 군사 작전뿐 아니라 사람 간의 관계를 전략의 한 축으로 보았다고 한다. 때문에 김병주 의원님은 한미연합사령관 브룩스 장군과의 관계도 상하 관계가 아닌 동등한 전략 파트너십으로 만들어냈다.

실제 브룩스 사령관과의 관계가 끈끈하여, 브룩스 장군이 공개석상에서 김병주 부사령관을 한국어로 동생이라 부를 정도로 둘 사이는 가까웠다고 한다. 김병주 의원님이

2020년 민주당 입당할 때 내가 인상 깊게 보았던 "병주 아우, 축하한다"는 브룩스 전 사령관의 편지는 그 관계의 깊이를 보여주는 상징이라고 할 수 있다.[5]

김병주 의원님은 함께 인재 영입된 나이 차이가 많이 났던 나도 각별하게 챙겨주셨다. 내가 지역구로 공천을 받자, 손자병법을 활용한 선거운동방법도 전수해주시고 응원도 많이 해주셨다. 당시 김병주 의원님은 전역 이후 '국방티비 순삭밀톡, 김병주의 손자병법', 'SBS CNBC, 김병주 대장의 지금 다시 손자병법' 등 유튜브에서 강의를 하고 계셔서 우리 영입인재들에게도 손자병법 강의를 해주셨다. 현재는 '주블리 김병주' 채널을 운영하며 실버버튼을 받은 50만 유튜버가 되셨다.[6]

김병주 의원님의 통찰력은 2024년 12월 3일의 비상계

---

5. 〈조선일보〉, 2020.1.20. "아우, 축하한다" 브룩스 편지 들고 與 입당한 김병주 예비역 대장 https://www.chosun.com/site/data/html_dir/2020/01/02/2020010201002.html
6. 주블리 김병주 https://www.youtube.com/@%EC%A3%BC%EB%B8%94%EB%A6%AC%EA%B9%80%EB%B3%91%EC%A3%BC

2020년 21대 국회 첫 등원 기념 정청래 의원님, 박성준 의원님과 셀카

엄 사태를 앞두고 더욱 빛을 발했다. 김병주 의원님은 이미 24년 8월부터 윤석열 전 대통령이 정치적 위기에 몰릴 경우 군 통수권을 이용해 계엄을 선포할 가능성을 공개적으로 경고했다.[7] 당시 일부에서는 과도한 우려로 받아들였지만, 결과적으로 그 예측은 현실이 되고 말았다.

　김병주 의원님은 국방위에서의 활동을 통해 꾸준히 계엄을 대비한 점검과 군 내부의 동향 파악을 지속했고, 윤석열의 인사를 전략적으로 통찰하여 계엄의 위험성을 전략적으로 예측하여 대비했다. 이러한 준비와 경계가 있었기에, 12월 3일 비상계엄 4시간 만에 국회는 즉각적으로 계엄 해제 결의안을 통과시킬 수 있었던 것이다.

계엄 해제 후에도 김병주 의원님의 활약은 멈추지 않았다. 내부 제보 루트를 활용해 군부대 내부 상황을 수집하며, 계엄의 구조와 주도자를 밝힐 증거들을 하나씩 밝혀냈다. "국군정보사 최정예 요원들이 국회의원 체포조로 투입될 가능성이 있었다"는 제보를 공개하여 사태의 심각성을 강조하였고,[8] 이후에는 뉴스를 보고 계엄 상황을 알았다는 군 수뇌부의 말에 헬기착륙 준비 등 사전작업을 한 정황을 발표하며 내란의 실체적 진실을 밝히는데 큰 역할을 하셨다.[9]

손자는 "적을 알고 나를 알면 백 번 싸워도 위태롭지 않다(知彼知己 百戰不殆)"고 말했다. 김병주 의원은 그 문장을 현실 정치에서 증명해 낸 전략가였다. 손자병법 덕후이자 손자병법 마스터이신 김병주 의원님을 항상 응원한다.

---

7. SBS뉴스, 2024.9.5. 김병주 "'계엄 준비' 제보 들어와…밝히면 제보자 다쳐"
https://news.sbs.co.kr/news/endPage.do?news_id=N1007789286
8. <뉴시스>, 2024.12.9. 김병주 "12·3 계엄 국회의원 체포조, 국군정보사령부 최정예 요원 투입 검토돼" https://www.newsis.com/view/NISX20241209_0002988908
9. <경향신문>, 2025.1.13. 김병주 "군, 뉴스 보고 계엄 알았다더니…헬기착륙 준비 등 사전 작업" https://www.khan.co.kr/article/202501131059001

친절한 찬대씨에서 대선을 거치며 투사가 되기까지

박찬대 전 원내대표

박찬대 의원님은 지금은 3선 의원님이시고 최고위원에 원내대표를 역임하는 등 엄청난 중책을 맡아오셨지만, 내가 기억하는 박찬대 의원님은 막 재선 의원으로 당선될 무렵의 5년 전 모습이다. 박찬대 의원님을 처음 만난 건, 2020년 5월 10일 국회 소통관에서 김태년 원내대표님이 기자회견을 열고 김영진 원내수석과 박성준, 홍정민 원내대변

초선 박찬대 원내대변인이 국회에서 열린 비공개 의원총회를 마치고 취재진에게 결과를 설명하고 있다. 2019.12.18 (사진 출처: 연합뉴스)

인 임명 결과를 발표한 직후였다. 정치학 박사이며 24년 경력의 앵커로 정치 내공이 있는 박성준 의원님은 이렇게 발표된 직후부터 원내대변인 활동을 시작해야 한다고 내게 알려주셨다.

나는 대체 원내대변인이 어떤 일을 해야 하는 거냐고 물어봤는데, 박성준 의원이 "이럴 때 가장 빠르게 답을 아는 방법은 직전 원내대변인에게 묻는 방법"이라고 꿀팁을 알려줬다. 그래서 2020년 5월 7일까지 20대 국회 4기 원내대변인을 담당하고 있었던 박찬대 의원님을 수소문해서 박성준 의원과 같이 만나러 갔다.

고맙게도 박찬대 의원님은 우리 두 초선 당선인을 만나주셨고, 본인이 알고 있는 '원내대변인의 모든 것'을 공유해주셨다. 당 대변인과의 역할분담이나 원내 현안 전달 시 유의점, 공보국을 활용할 수 있는 당대변인과 달리 원내대변인은 의원실에서 자체 조달해야 한다는 점, 원내행정기획실과 잘 협조해야 좋다는 점, 그리고 일주일이 7일이니 둘이 싸우지 말고 당번을 잘 나눠보라는 팁도 친절하게 들려주셨다.

그리고 지금은 아무리 얘기해봐야 와닿지 않을 테니 원내대변인 하다가 그때그때 궁금한 것 있으면 또 물어보라고 하셨다. 그러면서 이렇게 구체적으로 인수인계 해주는 원내대변인 없다면서 마지막에 아재개그를 날리셨다. 젊으시고 유머감각 넘치는, 착하게 인수인계 잘해줬던 '친절한 찬대씨' 정도가 박찬대 의원님의 첫 인상이었다.

박찬대 의원님을 두 번째 제대로 만난 건 2021년 5월 이재명 경기도지사님 경선캠프에서 수석대변인과 대변인 관계로 만났을 때였다.[10] 당시 박찬대 의원님도 나와 마찬가지로 갑자기 캠프에 오신 상황이었고, 우리 둘을 앞혀놓고 그조차 솔직하게 말씀해주셨다.

"나라고 이재명 후보님을 두 분보다 더 잘 알지는 못해요. 그리고 후보자의 대변인이라는 것은 당의 입장을 대변하거나 원내의 입장을 대변하는 것과는 매우 달라요. 이 분을 대변하기 위해서는 이 분의 정책, 정치적 입장, 생각 등을 읽을 수 있어야 해요. 나도 최선을 다할 테니 두 분도 노력해주셨으면 좋겠어요."

불과 1년 전의 장난기 넘치던 모습과는 완전히 달랐다. 박찬대 수석대변인님은 우리가 당장 이재명 후보님을 대변하는 것은 아직 적절하지 않으니 우선 공부부터 하자고 했다. 박찬대 수석님 지시대로 그때부터 한 달 이상을 이한주 원장님도 만나고, 김남준 비서관님과 상의도 하고, 이재명 지사님 책도 여러 권 읽으며 이재명 공부를 하기 시작했다.

---

10. 〈경기일보〉, 2021.6.28. 이재명 캠프 윤곽…박홍근 비서실장·박찬대 수석대변인·박성준·홍정민 대변인 https://www.kyeonggi.com/article/202106281169500

내가 처음 현장에 투입된 것은 대변인으로 임명되고도 한참 뒤인 2021년 7월이었다. 서울대학교에서 청소노동자가 돌아가신 사고 현장에 이재명 지사님이 방문해서 유가족들을 위로하는 자리였다. 당시 이재명 지사님은 유족들과 말씀을 나누시다가 연신 눈물을 보였다. 지사님이 먼저 현장을 떠나신 뒤에 남아 있던 기자들이 지사님이 왜 그렇게 우셨는지 내게 물었다. 나는 지사님 책에서 읽었던 내용과 현장에서 얼핏 하셨던 말씀을 종합해서 기자들에게 답했고, 이에 관한 기사가 아래와 같이 보도되었다.[11]

이에 대해 홍 대변인은 "(돌아가신 청소노동자분의) 부군이 매일 아내와 같이 출근하다가 지금은 혼자 출근할 수밖에 없어서 출근 때마다 운다는 말을 듣고 이 지사가 많이 우셨다"며 "청소 노동자였던 (이재명 지사의) 여동생이 7년 전 화장실에서 돌아가셨는데 그때 생각이 많이 나서 눈물을 멈추지 못했다"고 설명했다.

경선대변인으로서 첫 현장 투입 이후, 박찬대 수석님은

나에게 경선 대변인 역할을 잘 했다며 격려해주셨고, 앞으로도 후보님을 잘 대변할 수 있도록 역량을 키워보라고 조언도 많이 해주셨다. 이처럼 더없이 신중한 면이 있는 박찬대 의원님이다.

20대 대통령 선거가 네거티브 선거로 격화되면서 박찬대 의원님이 참전을 시작했다. 민주당 대선 선대위 수석대변인이었던 박찬대 의원님은 회계사 출신의 전문성을 활용해서 '대장동 일타강사라고 주장하던 원희룡 국힘 본부장'과 한판 승부를 시작했다.[12]

언론에도 박찬대 수석대변인이 "'원희룡이 희룡했다'는 국민의 목소리가 들린다"며 "역시 원희룡"이라고 전투력 높게 공격하는 논평이 보도되기 시작했다. 박찬대 수석대변인은 "원희룡 본부장의 기자회견은 대장동 문건을 확보했다고 주장하는 것 외에는 아무런 새로운 내용도 없다. 이미 다 공개되어 사실이 아닌 것으로 입증된 내용들 뿐"

---

11. 〈연합뉴스〉, 2021.7.11. 청소노동자 유족 달랜 이재명…'제 여동생도 청소하다' 왈칵(종합) https://www.yna.co.kr/view/AKR20210711043751001
12. 〈강원일보〉, 2022.2.25. 원희룡 "고속도로서 '대장동 문건 보따리' 입수"…정민용 변호사 소유 추정 https://www.kwnews.co.kr/page/view/2022022400000000170

더불어민주당 이재명 대선후보 첫 공약발표 기자회견 준비 중인 박찬대 수석대변인과 홍정민 현장대변인. 2021.11.23.

이라며 "도무지 하려는 말이 무엇인지 모르겠다"고 날카롭게 지적했다.

박찬대 의원님은 대장동 사안에 대해 "1공단 민간사업자의 소송으로 결합개발이 불가능했기에, 1공단을 분리하면서 결합개발과 같은 이익환수가 가능하도록 설계했다는 것이 원희룡 본부장의 자료공개로 잘 설명됐다"는 전문적인 내용을 제시하면서 "이재명 후보가 어려운 여건 속에서 개발이익을 공공에 제대로 환수했다는 것을 입증한다"고 강조했다. 박찬대 수석대변인의 명쾌한 설명은 그동안 신중했던 전문가의 이미지가 더해져서 국민들에게 좀 더 설득력을 발휘했다.

이후 박찬대 의원님은 원내수석을 거쳐, 최고위원, 원내대표까지 많은 변신을 하셨다. 현재의 모습만 보신 분들을 위해 내가 만났던 예전 박찬대 의원님의 프리퀄 시절의 기억을 조금 떠올려 보았다.

의리 넘치는
프로 일잘러

김영진 교육연수원장

나는 2020년 21대 1기 원내대표로 당선된 김태년 원내대표님의 제안으로 원내대변인이 되었다. 아직 국회에 등원하기도 전인 2020년 5월 9일 어느 날, 갑자기 김태년 의원님으로부터 전화가 왔다.

김: 홍 당선인, 원내대변인을 맡아주세요.

홍: 네?? 저는 지금 국회의원을 하기에도 부족하고 준비할 것이 많아요. 능력 있는 분 쓰셔요.

김: 어허~ 자꾸 고사하고 그러면 본인에게 안 좋아요. 그러면 하는 것으로 알겠습니다. (뚝)

홍: 여보세요? 여보세요?

(김태년 대표님은 전화를 그냥 끊어버리셨다. 다시 걸었더니)

김: 지금 고객님께서 전화를 받을 수 없습니다…

(이런 여성의 멘트만 들려왔다.)

나는 이렇게 원내대변인이 되었고, 다음 날 국회 소통관에서 원내수석부대표인 김영진 의원님을 처음 만나게 되었다.[13] 원내대표님은 생각할 것도 없이 김영진 원내수석을 원픽으로 정하셨다고 한다. 주변 의원님들의 얘기를 들어보니, 김영진 의원님은 일 잘하기로 유명하다고 했다. 김

---

13. 〈대경일보〉, 2020.5.11. 민주당 "원내수석부대표에 김영진 의원" 임명, 원내대변인에 박성준·홍정민 당선인 내정 https://www.dkilbo.com/news/articleView.html?idxno=212624

영진 의원님은 1998년 국회 인턴부터 시작해 굵직한 의원님들 보좌관 생활을 오래해서 정책 쪽으로는 기본기가 탄탄하다고 했다. 즉 누구나 인정하는 일잘러였다.

특히 경제 상임위 정책보좌관을 오래해서 경제정책과 실물경제 흐름에 밝다는 평가를 받는다. 그리고 수원에서도 매우 험지에 속하는 수원병 지역구에서 상대 당 현직 국회의원을 꺾고 당선되는 등 선거도 잘 치렀다. 정무감각도 뛰어나서 2018년 지방선거, 2020년 총선 때 당 전략기획위원장을 두 번이나 맡아 민주당의 지선과 총선을 압승으로 이끄는 데 기여했다.

나는 원내대변인을 시작하면서 걱정부터 앞섰다. '저렇게 일 잘하시는 분이면 무섭겠지?' '내가 너무 경험도 없고 잘 몰라서 더 무섭겠지?' 이런 고민에 잠도 안 올 지경이었다. 사실 내게는 직속상사 트라우마가 있었다. 대학을 졸업하자마자 만 22세에 대기업 사원으로 사회생활을 시작했는데, 직속 사수 대리님이 나를 심하게 괴롭혔다. 회의자료 스테이플러를 45도가 아닌 일자로 찍었다고 쌍욕을 들으며 혼이 났다. 8시 출근인데 8시에 출근했다고 엄청 혼났다. 30분은 일찍 와서 자기 정비시간도 갖고 업무 준비도 마쳐야 한다는 이유였다.

당시는 주 6일제라 토요일에도 출근했는데 대신 복장은 캐주얼 허용이었다. 그런데 정말 캐주얼을 입었다고 또 혼났다. 캐주얼 느낌 나는 정장을 입어야 했다는 것이다. 지금 MZ들의 눈높이로 보면 엄청 이상하겠지만 2001년도 초반까지 우리나라 직장들이 대부분 그러했다.

직장생활 초기의 이런 경험 때문에 나는 높으신 분들은 별로 안 무서워도 직속상사는 무서워하는 트라우마가 남아 있었다. 그런데 김영진 수석님은 내가 사회초년생 시절 갖게 된 직속상사 트라우마를 완전히 없애준 분이다. 함께 일하고 싶은 직장상사의 전형이었다.

원내대변인은 기자들로부터 수시로 원내현안에 대해 질문을 받는다. 매일 아침 7시에서 8시 사이에 전화가 오기 시작하고 가끔 일이 터지면 새벽에도 전화가 쏟아진다. 나도 몰랐거나 답변이 곤란한 취재전화도 많았다. 그런데 원

2021년 1기 원내대표단을 마치며 김태년 원내대표님, 김영진 원내수석님과 함께

내현안을 가장 많이 가장 빨리 알고 있는 사람은 원내수석이다. 양당 원 구성 협상, 의사일정 조율을 직접 하니 내부 원내 전략도 협상결과도 가장 빨리 알 수밖에 없다.

김영진 수석님은 눈높이를 고려해서 처음에는 내가 모두 알게 되면 언론에 스포될 수 있어 곤란한 정보는 빼고, 내가 브리핑해도 되는 정보들만 주셨다. 그리고 내가 정무 감각이 생겨서 스스로 조절할 수 있게 되자 해당 현안의 배경, 내부 전략을 이렇게 가져가는 이유, 국회법 절차, 상대 당 예상 전략 등도 차근차근 전수해주셨다. 김영진 수석님은 내가 원내대변인으로 있었던 2020년 5월부터 2021년 4월까지 한없이 의지했던 직속 선배가 되었다.

2021년 4월, 인구 100만인 4개 도시(고양·수원·용인·창원시)의 전국 특례시 시장협의회 출범식이 창원에서 개최되었고, 고양, 수원, 용인 국회의원으로 나와 김영진 의원, 김민기 의원이 참석했다. 출범식이 끝나고 두 분 선배님과 창원 앞바다에서 맛있는 회를 먹고 집으로 돌아왔다. 나는 비행기를 타고 왔고 두 분은 차 한 대로 이동했는데, 다음 날 아침 일찍 우리 비서관이 집으로 찾아와 내게 휴대폰을 전해주었다.

비서관 얘길 들어보니, 내가 창원 횟집에 폰을 놓고 왔는데 나는 연락이 될 리가 없으니 횟집 사장님께서 김영진 의원님에게 "여기 폰 두고 가신 분 있는데 가져가세요"라고 전화를 하신 것이다.

김영진 의원님은 이미 창원을 출발한지 1시간 30분이나 지났는데도 곧바로 차를 돌려 다시 창원의 횟집으로 가

2021년 창원에서 개최된 전국특례시시장협의회 출범식

셨다고 한다. 그래서 왔다갔다 추가 3시간이 더 걸려서 밤늦게 수원 집에 도착했다고 한다. (여기서 차를 같이 타서 피해를 보신 김민기 의원님도 있다.) 다음 날 착불특송으로 보내거나 다른 방법이 있었을 텐데, 휴대폰 없어지면 당장 놀라고 의정활동 불편해 할 후배가 눈에 밟히셨나 보다.

다음 날 전화기를 받고, 너무 고맙고 죄송해서 바로 전화를 걸어 "수석님 너무 너무 죄송하고 감사합니다" 하고 몇 번이나 사과와 감사를 표현했다. 수석님은 쿨하게 "에이 뭐 조금 돌아간 거지, 나는 됐고 김민기 의원님께 전화 드

김영진 교육연수원장

려" 하고 말씀하셨다.

이렇게 늘 쿨하기만 했던 김영진 의원님이, 2021년 5월 어느 날 잠시 여의도 공원을 걷자고 하더니 정말 조심스럽게 서설을 길게 말하며 어렵게 입을 떼셨다.

"지금 다른 경선캠프에 비해 이재명 지사 캠프에 국회의원이 제일 적은데, 홍의원이 함께 해줬으면 좋겠어. 박성준 원내대변인도 오기로 했어. 원내수석과 두 원내대변인이 임기 끝나고 바로 이재명 지사님 도우면 그림이 좋잖아. 둘이 경선캠프 대변인 하면 정말 잘할 것 같아."

다른 사람도 아닌 김영진 의원님 제안이라 거절할 수가 없었고, 그 자리에서 바로 "네, 알겠습니다. 수석님" 그렇게 답했다. 일 잘하고 진국에 의리 넘치는 김영진 의원님은 아마도 나 말고도 많은 의원님들이 좋아하고 있을 것이다.

교육연수원장이 되신 이후에도 한결같은 모습이다. 얼마 전 〈2025 김근태 재단 희망 바자회〉에서 뵈었을 때도 비를 쫄딱 맞으면서 열심히 바자회 물품을 팔고 계신 모습이 참 김영진답다 싶었다. 나에게도 조만간 밥 먹자며 챙기는 모습까지 여전히 진국이셨다.

병역명문가 출신의 남다르게 충실했던 의정생활

김민기 국회사무총장

12·3 계엄은 전 국민이 생생하게 목격했지만, 국회 내에서 벌어진 상세한 상황들은 생중계되지 못했기 때문에, 그날 국회에서 벌어진 상황들에 대해 보도된 기사를 정리해 보았다.

〈경인일보〉, 2024.12.4. 본청 입구·2층 유리창 파손…

군(軍)이 할퀴고 간 국회는[14]

김민기 사무총장에 따르면 국방부가 보낸 무장한 계엄군 중 헬기 진입은 총 24차례 230여 명이었고, 50여 명의 계엄군은 추가로 국회 외곽 담장을 넘어 진입했다. 김 총장은 CCTV를 면밀히 확인해 추가 인원을 파악하겠다고 했다. 국회 본청 입구와 2층 유리창이 부서지는 등의 물적 피해도 있었다. 국회 사무처는 국회의원의 신변 보호와 국회 기능 확보를 위해 국방부 직원, 경찰의 국회 출입을 전면 금지했다. 서울경찰청의 지휘를 받는 국회 경비대가 계엄이 선포되자 국회 관계자를 보호하는 게 아닌 국회 관계자의 출입을 막는 역할을 해, 우원식 국회의장이 경비대장의 출입금지를 명하기도 했다.

MBC뉴스, 2024.12.9. 국회 "계엄 사태 당시 사무처 10여 명 부상··계엄군 난입 CCTV 제출"[15]

김민기 국회 사무총장은 기자회견을 열고 "현재까지 늑골 손가락 염좌, 찰과상 등 10여 명이 크고 작은 부상을 입은 것으로 인적 피해가 파악됐고, 계엄군이 유리창을 깨고 들어온 본관 2층 창문 등 총 6천6백만 원의 물적 피해도 확인했다"고 밝혔다. 김 사무총장은 "계엄군의 불법 난입 상황을 확인할 수 있는 CCTV 영상과 현재까지 파악된 인적·물적 피해 상황을 경찰 국가수사본부, 검찰 특별수사본부, 고위공직자범죄수사처 등 각 수사기관에 제출하겠다."고 했다.

〈뉴스1〉, 2024.12.20. [단독] '무장' 계엄군, 해제안 가결 후 국회의장 공관 배치…CCTV 포착[16]

2024년 12월 20일 〈뉴스1〉 취재에 따르면, 4일 오전 1시 58분쯤 무장한 군인 10여 명이 서울 용산구 한남동 소재 국회의장 공관으로 향하는 모습이 인근 폐쇄회로(CC)TV에 포착됐다. 윤석열 대통령이 비상계엄을 선포한 지 약 3시간, 국회에서 계엄 해제 결의안이 재

---

14. https://www.kyeongin.com/article/1721280
15. https://imnews.imbc.com/news/2024/politics/article/6665219_36431.html
16. https://www.news1.kr/society/incident-accident/5638359

석 190명 전원 찬성으로 가결된 지 50여 분이 지난 시점이다. 계엄 결의안이 가결됐는데도 무장 계엄군 10여 명이 국회의장 공관 앞에 배치된 것을 두고 '2차 계엄' 또는 '국회의원 체포'를 염두에 둔 것 아니냐는 의혹이 제기된다.

연합뉴스, 2024.12.24. 국회 사무총장 "계엄 때 의장 공관 CCTV에 군인 등 13명 포착"[17]

김민기 국회 사무총장은 윤석열 대통령이 비상계엄을 선포했을 당시 국회의장 공관으로도 군인 등 13명이 출동한 정황이 공관 폐쇄회로(CC)TV에 포착됐다고 2024년 12월 24일 밝혔다. 김 사무총장은 이날 국회에서 기자회견을 열어 "언론을 통해 의장 공관으로 무장 군인이 출동했다는 의혹이 제기됨에 따라, 공관에 설치된 CCTV 영상에 대해 전수 조사했다"며 이같이 전했다. 김 사무총장은 "국회에서 비상계엄 해제 요구 결

---

17. https://www.yna.co.kr/view/AKR20241224054800001

2023년 김민기 의원님과 함께 후쿠시마 오염수 해양투기 반대 집회에서

의안이 통과된 이후인 12월 4일 새벽 1시42분 공관 담벼락에 계엄군이 걸어가는 모습이 찍혔다."며 "1시 50분에는 계엄군이 공관 정문에 집결한 모습도 포착됐다"고 전했다.

위 기사들은 모두 계엄 당시의 상황에 대해, 국회와 한남동 소재 국회의장 공관 인근의 CCTV를 누군가가 최대한 신속하게 확보해서 알리며 계엄의 위헌 위법을 생생하게 국민들께 알린 결과물이다. 또한 이 CCTV 영상들은 향후 내란죄 혐의를 밝힐 주요 증거물이기도 하다.

이렇게 신속하고도 광범위하게 증거를 확보하고, 또한 혼란스러운 불법계엄 상황에서 국회의장을 지키고 국회 직원들과 함께 국회를 방어하고 가동시켜 계엄 해제 의결까지 이끌어내는데 기여한 사람이 바로 김민기 국회 사무총장이다.

나는 2020년 5월 9일 21대 국회 첫 원내대변인으로 임명되면서 5월 30일 임기가 시작하는 국회 본회의장에서 상임위와 무관하게 원내대표님 근처 자리인 매우 뒷자리에 배정되었다. 그리고 당시 비인기상임위인 국방위원회의 3선 의원이셨던 김민기 의원님도 매우 뒷자리에 배정되셨다. 민주당 본회의장 의석은 인기 상임위일수록, 그리고 선수가 낮을수록 앞자리로 배정되는데, 그중 당 지도부와 원내지도부는 뒷자리에 배정된다. (민주당 본회의장 좌석 배정 규칙을 말해도 되는 건지 모르겠다.) 아무튼 이런 이유로 나는 김민기 의원님 옆자리에 앉게 되는 행운을 누렸다. 덕분에 김민기 의원님으로부터 1년 동안 본회의장에서 다양한 경험담이나 국회 정보들을 듣고 배울 수 있었다.

당시 국방위원이었던 김민기 의원님은 병역명문가 가문(대한민국에서 3대(代)가 모두 현역 군인으로 만기 전역한 가문)이시고 밀리터리 덕후를 넘어 군사안보에 진심인 분이다. 김민기 의원님은 평소 병역명문가 가문이란 아버지도 군대를 다녀오시고 아들도 현역으로 만기제대하고 무엇보다 본인이 군대를 제대로 다녀왔다는 의미라고 강조하셨다. 실제 김민기 의원님은 육군 제201특공여단 소대장 출신이다.

더구나 김민기 의원님은 당시 국회 정보위원장도 겸임하셨는데 다른 상임위와 달리, 정보위는 국가안보와 관계된 특수 정보를 다루기 때문에 의원실 등으로 검토보고서 반출이 안 된다. 때문에 법안이나 자료, 검토보고서를 읽으려면 국회의원이 직접 잠금 장치된 본관 자료실에 들어가서 열람만 하고 나와야 한다.

입법조사관들 전언에 따르면 웬만해서는 번거로워서 빼먹을 만도 한데 김민기 의원님은 꼭 거기에 와서 보고서를 열람하고, 의문점이 있으면 전화로 질문도 하시는 걸로 유명하다고 들었다. 이러한 내용은 김민기 의원님께 들은 말이 아니라 정보위 입법조사관을 지냈던 고등학교 후배한테 들은 얘기다. '그 정도 충실함이야 아주 특별한 사례는 아니지 않나?'라고 생각할 수도 있을 것이다. 그러나 내가 아는 김민기 의원님은 충실함의 정도를 넘어 비상식적일 만큼 의정활동에 충실한 국회의원이셨다. 그 일화를 하나 소개한다.

홍정민: 국회의원은 해외출장 가려면 관용여권이 필요하다는데 맞나요? 그럼 여권이 2개가 되는 거에요?
김민기: 맞아, 근데 나는 관용여권이 없어.
홍정민: 왜요?
김민기: 해외 나가 있을 때 비상사태가 있으면 안 되잖아. 그래서 나는 아예 안 나가.
홍정민: 우리나라가 그 정도는 아니지 않아요?
김민기: 그게 아니라 국회는 갑자기 상임위나 본회의가 소집될 수도 있거든. 그리고 그 회의들이 이론

적으로 언제 끝난다고 정해질 수도 없어. 필리버스터도 있고. 그러면 미리 예상할 수 없이 갑자기 결정되는 거잖아. 그래서 나는 저녁약속도 아예 안 잡아.

홍정민: 네에?????

저 대화는 농담이 아니라 진심이었다. 김민기 의원님은 모든 본회의 마지막에 의장님이 "산회를 선포합니다"라고 할 때까지는 꼼짝 않고 자리를 지키신다. 어쩌면 비상계엄을 계획하고 실행한 측보다 더 치밀하게 군 명령체계를 알고, 당시 상황판단이 가능하고 방어 작전을 세워 대응할 수 있었던 밀덕 국방위, 정보위 출신 국회 사무총장이지 않았을까? 그리고 그 사무총장이 엄청나게 집요하고 성실해서 짧은 시간 안에 그 방대한 분량의 CCTV를 일일이 확인하고 초기에 증거로 확보해 헌법재판소 탄핵 결정에도 영향을 주지 않았을까 짐작해본다.

이런 내용들만 보면 김민기 사무총장님이 엄청 하드코

2023년 김민기 국토위원장에게 지역 현안을 전달하는 모습

어할 것 같지만, 나에게는 아주 자상한 의원님이셨고 특히 후반기에는 국토위원장이 되셔서 우리 지역구 현안을 정말 많이 상의했다. 김민기 위원장님은 정말 바쁘신 일정 중에도 내가 지역사정을 말씀드리면, 관련 국토부차관이나 담당국장도 함께 만나주시고, 내가 국토위에 발의한 법안도 함께 검토해주셨다.

그래서인지 김민기 의원님이 불출마를 선언하셨을 때, 김민기 의원님의 지역구 주민들만큼이나 많이 울었던 기억이 난다. 당시 기사에도 더불어민주당 3선 중진인 김민기(용인을) 국회의원이 22대 총선 불출마를 선언하자 정치인과 보좌관들이 김 의원과의 인연을 소개하며 안타까움을 호소하거나 뜻을 이어받겠다고 다짐하는 사례가 줄을 이어 보도가 되었다.[18]

김민기 의원님은 2024년 1월 19일 국회 소통관과 용인시청 브리핑룸에서 잇따라 기자회견을 열어 "3선 의원으로서 책임을 다하고 희생해야 한다고 오래전부터 생각했다. 제 기득권을 내려놓고, 자리를 비켜드리고자 한다"고 말했다.

이에 서남권 전 민주당 경기도당 조직국장이 다음과 같은 일화를 온라인상에 밝혔다. "김민기는 처음과 같았다. 입버릇처럼 3선이면 족하다고, 3선이면 과하다고 말해왔다"며 "처음 마음을 잊어서는 안 된다는 얘기도 빼놓지 않았다. 정치인이 버릇처럼 하는 발언으로 치부하는 사람도 있었지만 그는 항상 진심이었다"고 말했다.

---

18. 〈기호일보〉, 2024.1.22. 김민기 불출마 선언에 "김민기가 김민기답게 김민기했다"
http://www.kihoilbo.co.kr/news/articleView.html?idxno=1068968

현실을 아는 이상주의자,
이 시대의 휴머니스트

홍성국 최고위원

나는 2020년 1월 더불어민주당에 6호로 인재 영입이 되었고, 이후 7호 이용우 의원님, 8호 이소영 의원…. 이렇게 발표될 때마다 TV로 보면서 '와~ 저런 분들도 계시구나' 하면서 신기해했다. 2020년 2월경 영입인재 17호 홍성국 의원님이 발표될 때, 평사원에서 증권사 사장까지 지내셨다니 대단하다는 생각이 들었고, 아무래도 대형 증권사

CEO 출신이면 어려운 분이 아닐까 짐작했다.

20호 최기상 의원님까지 발표된 후 민주당은 그동안 영입된 1호부터 20명에게 저녁식사 자리를 마련했고, 거기서 바로 앞자리에 앉은 홍성국 의원님과 처음 대화를 나누게 되었다. 나는 대형 금융사 대표님 이미지를 상상했는데, 홍성국 의원님 첫인상은 '그냥 소탈한 동네 아저씨'였다. 홍성국 의원님은 "저는 도봉구에서만 50년 넘게 살았고요. 만나서 반갑습니다"라고 자기소개를 하더니 일단 폭탄주 원샷을 하셨다. 홍성국 아저씨는 그 많은 사람들에게 계속해서 묵묵히 폭탄주를 말아주셨다.

나는 독한 술을 잘 못해서 폭탄주는 입만 대고 밥만 먹고 있었는데, 바로 앞에 계신 홍성국 아저씨가 "술을 따라놓기만 하고 안 마시면 어떡해?" 하길래 "저는 술 잘 못 마셔요"라고 답했다. 그러자 홍성국 아저씨는 "에이~ 그런 게 어딨어? 이렇게 먹으면 되지" 하시며 폭탄을 원샷 하셨고, 나는 "그렇게 못 먹는데요"라고 대꾸했다. 홍성국 의원님은 "자, 앞으로 정치하면 술 먹을 일도 많은데 조금씩 노력하면 늘어. 나 봐봐" 하면서 또 폭탄을 원샷 하셨다.

내가 마지못해 "알겠어요" 하고 술잔을 부딪치며 한 모금 마셨는데, 그새 홍의원님은 잔을 부딪치자마자 또 한 잔을 다 비우셨다. 그리고 내 잔이 거의 그대로인 걸 보시더니, "안 마시고 입만 대면 반칙이야, 자 다시" 하면서 또 원샷을 하셨다. 나는 양껏 두세 모금 정도 먹은 것 같다. 그래도 내 잔이 조금 비워지기 시작하자, 홍의원님은 제자를 길러낸 스승처럼 흐뭇해하시며 "봐~ 하면 되잖아. 나 증권사 다닐 때 술 잘 먹으려고 얼마나 피나는 노력을 했는데, 미리 컨디션이나 우유도 먹고…" 하시며 또 원샷을 하셨다.

그렇게 두 모금씩 내 폭탄이 없어질 때마다 계속 원샷을 하셨고, 결국 나는 홍성국 의원님으로부터 술 잘 먹는 여러 노하우를 들으며 간신히 폭탄 한 잔을 다 비울 수 있었다. 홍성국 의원님은 엄청나게 많은 폭탄주를 엄청 빠른 속도로 드신 것 같은데 자리가 파하고 헤어질 때까지 정신줄은 놓지 않으셨다. (나중에 들은 얘기로는 택시 타고 집에도 잘 갔는데, 택시 탄 이후로는 기억이 없으시다고 했다.) 홍성국 의원님은 술 잘 먹고 사람 좋은 도봉구 사는 아저씨였고, 그건

이재명 당대표 시절 최고위원을 역임한 홍성국 의원님, 2025년

요즘 만나도 변함없이 똑같으시다.

홍성국 의원님을 다시 보게 된 건 김태년 원내대표님이 '경제는 민주당'이라는 기치 아래 마련한 주1회 원내대표단 조찬강의 담당자이자 강연자로서였다. 2020년 당시는 코로나19 충격으로 세계 경제가 급속히 위축되었다가 재정을 풀면서 전 세계 유동성이 폭발적으로 증가하는 등 격동의 시기였다. 홍성국 의원님은 당시 이런 상황을 잘 진단

하고, 가동률이나 물가, 실업률, 디지털 경제로의 급격한 이동 등 향후 경제전망을 해주셨고, 정부의 대응방향도 제언해주셨다. 차트와 각종 통계수치, 그리고 인사이트로 가득 찬 수십 장의 강의안을 PPT로 직접 만들어 매주 꾸준히 강의를 준비하시는 의원님을 보고 정말 존경심이 들었다.

나중에 알게 되었지만, 홍성국 의원님은 2008년 금융위기를 기점으로 유명해지셨다고 한다. 미국발(發) 글로벌 금융위기를 1년 전인 2007년에 정확히 예측했기 때문이다. 그만큼 평소에 늘 공부하시고 그만큼 미래를 보는 통찰력이 뛰어나시다.

홍성국 의원님은 불출마를 선언하시고 임기를 마치신 뒤 '혜안리서치'에서 연구하셨는데, 나에게 해주신 말이 기억에 남는다. "홍의원이 내가 책 쓰고 연구하는 거 한 번 봐야 되는데. 책 한 권 쓰려면 수십 권의 책을 읽고 수만 개의 데이터를 보고 분석하고 공부하느라 연구실에서 하루 종일 오랜 기간을 씨름을 해. 홍의원도 한 번 해봐. 내가 가르쳐 줄게." 홍성국 의원님은 술만 열심히 드시는 동네 아저씨가 아니라 경제와 미래 전망을 지독하게 공부하고 노력하는 연구자였다.

사실 내가 홍성국 의원님을 좋아하는 큰 이유는 홍성국 의원님이 《수축사회》의 저자이기 때문이다. 2018년에 출간한 《수축사회》는 고도성장이 끝나버리고 저출산 고령화·일자리 부족·미국과 중국 간 패권전쟁에 끼어버린 한국 사회, 한국 경제를 의미한다. 지금은 인구 감소, 지역소멸, 수도권 집중현상이 모두 연결된 현상이라는 것이 많이 알려졌지만, 2018년 대중들은 물론 책을 접한 2020년까지 나도 몰랐다. 전 세계적 현상이고 대한민국에서 특히 급속하게 일어나고 있는데 그 원인이 바로 더 이상 성장이 멈췄기 때문이고, 오히려 수축하고 있기 때문이라는 것을.

얼마 전에 만난 가정법원 부장판사님이 그랬다. 요즘 상속사건 재판을 하다 보면, 청장년층이 '앞으로 뭔가를 더 이루거나 성장할 기회는 없고, 기존에 있는 것들을 어떻게든 더 나눠 가지는 것이 최선이다'라는 인식을 훨씬 더 많이 갖게 된 것 같다고. 본인이 성공하거나 자산을 더 늘릴 가능성이 매우 낮다고 보는 제로섬(Zero-sum) 사회가 되어

가고 있는 것이다. 제로섬이란 말 그대로 합치면 0(제로)가 된다는 뜻으로, 특정 사회 전체의 이익이 일정하게 유지되어 한쪽이 이득을 보면 다른 한쪽은 반드시 손해를 보게 되는 상태를 지칭한다.

심지어 대한민국 경제, 인구가 제로(현상유지)도 아니고 수축사회로 급격히 이동할 경우, 여러 사회적 갈등과 문제들이 더 심각해질 수 있다. 홍성국 의원님은 2018년 《수축사회》를 출간하기 훨씬 전부터 이런 미래가 오고 있는 것을 알아차리고 안타까워하신 것 같다. 책을 보면, 디스토피아를 막지는 못하지만 어떻게든 속도를 조금이라도 줄여서 연착륙시키고자 안간힘을 쓰고 싶은 경제학자이자 미래학자를 볼 수 있다. 즉 막연한 이상주의자가 아니라, 현실을 정확하게 직시하고 있는 이상주의자인 것이다.

수축사회를 읽다 보면 대한민국이 저성장에 좋은 일자리가 없는 쪽, 인구소멸 위기에 다른 희망이 없는 쪽으로 가는 길을 최대한 늦추거나 어떻게든 대안을 찾고 싶어 하는 휴머니스트 홍성국 의원님을 발견할 수 있다.

양평고속도로 저격수에서
자본시장 지킴이로

이소영 국회의원

2025년 6월 13일, 이재명 정부 1호 법률인 내란·김건희·순직해병 특검법이 시행되면서 특검이 닻을 올렸다. 위 특검의 수사 대상 중 하나가 '양평고속도로 의혹'이다. 이소영 의원은 지난 21대 국회에서부터 서울-양평고속도로 특혜 의혹에 대해 원희룡 전 국토부 장관을 상대로 이를 밝혀내고 성과를 내는 데 큰 역할을 했다.[19]

이소영 의원은 2025년 5월에도 "용역사가 용역 착수도 하기 전에 이미 김건희 일가 땅 바로 옆으로 이어지는 노선을 그린 채로 용역을 시작했다"며 "제대로 된 실측도 없이 현장답사 1회만에 KDI 예타노선을 사실상 폐기했다는 것도 국회 국정감사 등을 통해 밝혀냈다"고 하며 "누구도 납득할 수 없는 과정을 통해 고속도로 노선을 꺾은 용역사는 그 후 윤석열 정부하에서 수주물량이 폭발적으로 늘어나 용역사 순위 탑텐에 진입했다"고 덧붙였다.

또한 이소영 의원은 "반드시 수사가 필요하다고 수없이 호소해 왔는데, 정확히 2년여가 흘렀다. 그 사이에 통신사 통신자료 정보조회는 불가능하게 되었고, 인수위, 용역사, 국토교통부 등의 당사자들은 휴대폰을 몇 번 바꿨을지 모른다"고 우려했다. 그러면서 "공모자들에게 2년간 증거 인멸할 시간을 주고 이제 와서 형식적 강제수사로 면피하겠다는 것이 아니라면, 경동엔지니어링부터 시작해서 즉시 소환하고 제대로 수사하라"고 촉구했다. 끝으로 "권력

---

19. 〈노컷뉴스〉, 2025.5.16. "이제서야 강제수사?"…양평道 의혹 킬러 이소영의 '일침'
https://m.nocutnews.co.kr/news/6340794

2020년 2월 인재 영입 환영식에서 이소영 의원과

을 이용한 희대의 사익추구 의혹 사건"이라며 "결코 '미제 사건'으로 남겨두어선 안 된다"고 강조했다. 그간 이소영 의원은 윤 전 대통령 처가 의혹과 관련해 민주당 내 대표적인 '공격수' 역할을 해왔다.

이런 기사만 보면 이소영 의원이 투사같이 보이지만 사실은 엄청 따뜻한 동생이다. 소영이는 2024년 4·10 총선을 힘겹게 마치고 며칠 후에 나를 보자고 했다. 장소는 절대 비밀이라며 무작정 끌고 가더니, 멀리 경기도와 강원도

2021년 이재명 대선후보 현장대변인으로 열일하는
이소영과 홍정민

경계에 있는 글램핑장으로 날 데리고 갔다. 둘이서 불멍하고 별보고 음악 들으며 즐거운 시간을 보냈다. 본인 당선사례 하기도 바쁠 텐데, 총선 이후 혹시나 내 마음이 허전할까봐 공식 당인재선인사가 끝나자마자 달려와준 것이다.

나와 소영이는 2020년 총선에서 6호, 8호로 민주당에 인재 영입되며 바로 친해졌다. 특히 2021년 이재명 후보님 현장대변인을 함께 수행하며 고충을 서로 나누고 많이 의지했던 것 같다. 단점이 있다면, 사람들이 평소부터 자꾸 우리 둘을 혼동하시며 구분을 못하셨는데 둘이 동시에 현장대변인까지 하게 되니 그 혼선이 더 커진 듯하다. 심지어 이때 내가 페이스북에 우리를 구분하실 수 있게 쓴 글이 기사화되기까지 했다.[20] (이게 기사화될 일인지는 아직도 모르겠다.) 참고로 박찬대 수석님은 처음에는 본인도 구분하지 못했다고 하셔서 나에게 충격을 주었고 이동학 최고위원님은 가르마로 구분한다고 했다.[21]

이소영 의원은 현재 이재명 대통령의 코스피 5000 공약 달성에 그 누구보다 앞장서고 있다. 이소영 의원은 최근 상임위까지 기재위로 바꾸면서 SNS에 "제가 국내 주식시장을 위해 법안을 만들고 앞장서 그 입장을 대변하는 것은 단순히 '부자 만들기' 정책을 하고자 함이 아니다"며 "부동산에 과도하게 쏠려 있는 국민들의 자산편중을 바로잡고, 부동산에서 자본시장으로 돈을 흘려보내는 것이 우리 경

---

20. 〈조선일보〉, 2022.1.25. '이재명 그림자' 닮은꼴 女 의원 둘…"152cm, 많이 작은 게 나에요" https://www.chosun.com/politics/election2022/2022/01/25/L6TO-RAEVSVER7GV7DRDESTTQWQ
21. https://www.facebook.com/share/p/1BsuGo9Sqm/

제의 많은 문제를 해결하는 '경제개혁 정책'이라고 믿기 때문"이라고 강조하기도 했다.

실제 이재명 대통령은 대통령 선거 운동이 한창이던 지난 5월 28일 이소영 의원과 함께 유튜브에 출연하여, 각 2000만 원씩 총 4000만 원의 코스피200과 코스닥150 ETF 매수 사실을 공개하기도 했다. 그만큼 이소영 의원은 그동안 이재명표 상법 개정안을 적극 홍보하며 통과에 노력해오기도 했다. 금융계량경제학을 전공한 경제학 박사인 나보다 국내 금융시장에 더 해박한 이소영 의원의 소망이 꼭 이루어지기를 대한민국 국민의 한 사람으로서 기대하고 응원한다.

〈홍정민과 이소영을 구분하는 방법〉

이재명 후보님과 현장에 다니다 보면 가끔 저를 알아보시는 분들이 계신데요. 저랑 번갈아가며 현장대변인을 맡고 있는 이소영 의원과 혼동하시는 분들이 많더라고요.
요모조모 보시면 참 다른 점이 많은데도 너무 닮았다며 많이들 이름을 잘못 부르십니다. 제 생각에 가장 쉽게 알아볼 수 있는 방법은 바로 "키"에요.
저는 키가 152cm밖에 안 되어서 많이 작습니다.
아래 비교 사진을 보시면,

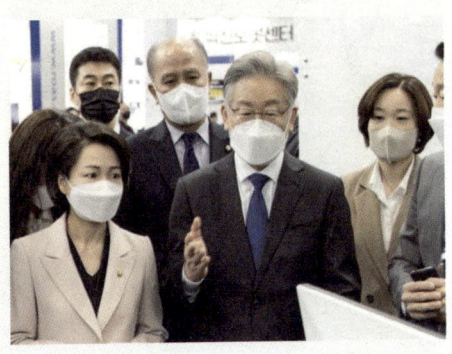

후보님과 꽤 키 차이가 나 보이는 왼쪽이 저이고, 오른쪽이 이소영 의원이에요 ㅎㅎ 참 쉽죠?

지역 장악력이 확실하고
겸손한 정치 엘리트

허영 원내정책수석

김병기 원내대표가 이재명 정부 출범 이후 첫 원내대표로 선출되었고, 2025년 6월 15일 민주당 원내대표단 주요 인선이 발표되었다. 원내대표단 인선을 보면서, 원내 정책수석으로 임명된 허영 의원님에 대한 몇 가지 추억이 생각났다.

허영 의원님은 같은 70년대 생이고 21대 국회 1기 원내

2022년 이재명 대선후보의 강원도 춘천 행사에서 허영 의원님과 함께

대표단이어서 국회 입성하자마자 격의 없이 친해졌다. 알고 보니 허영 의원님은 고대 총학생회장 출신으로 90년대 초부터 국회 보좌진으로 차근차근 경력을 쌓아 서울시 정무수석, 강원도 도당위원장 등을 거쳐 고향인 강원도에서 국회의원이 되신 분이다. 어찌 보면 민주주의가 정착된 지 오래된 나라들(미국, 유럽 등)에서 볼 수 있는 의회 입문의 교과서적 모델 같다. 실무와 이론 면에서 모두 차근차근 내공을 갖추며 준비해온 방식이기 때문이다.

2023년도 11월 말 출판기념회용으로 출간한 책을 보내드렸는데, 어느 날 아침 일찍 허영 의원님을 본회의장에서 만났을 때 책을 다 읽었다고 말했다. 진심어린 표정으로 "홍의원님이 존경스럽고 다시 보여요. 그동안 내가 잘 몰랐던 것 같아요"라고 말하는 게 아닌가. 의원들은 경선 준비에 상임위, 예산, 법안이 겹쳐서 너무 바쁜 시기라 책을 읽기는커녕 출판기념회 참석조차 힘든 기간이다. 그런데 정치인으로서 한참 후배의 첫 책을 시간을 내서 다 읽고 진심어린 존경을 표해주는 모습에 많이 놀랐다. 참으로 겸손한 정치 엘리트라는 생각이 들었다.

나는 2022년 대선 기간에 매타버스(매주 타는 민생버스)를 타고 주말마다 전국을 돌며 이재명 후보님 유세를 지원하는 현장대변인이었다. 그 과정에서 주말마다 전국 방방곡곡에서 이틀씩 숙박을 하며 전국 지역 선배 정치인들로부터 지역구 관리 노하우를 본의 아니게(?) 전수받을 기회가 있었다. 그중에서도 허영 의원님은 단연 압도적이셨다. 본인 지역구를 넘어서 강원도 전체를 관리하고 있었던 거다.

    이재명 대선후보의 집중유세를 앞두고 나는 허영 의원님은 사람들을 얼마나 동원하셨냐고 질문했다. 허영 의원님은 쑥스러워 하시면서 "이번에는 일정이 갑자기 잡혀서 3일밖에 없어서 전화를 별로 못 했어ㅜㅜ. 일단 5천명 했는데, 후보님 가시고 나서 계속 또 전화할게." 아니, 3일 동안 5천명에게 전화가 가능하다니… 평소에 늘 소통하고 있지 않는다면 어림도 없는 일이었다. 일단 내가 보기에 허영 의원님은 넘사벽 능력자였다.

    허영 의원님과는 국회 예결특위 상임위도 같이 했다. 예결특위는 겸임 상임위라 각 의원들의 본 상임위(나의 경우 산자중기위)와 겹치는 경우가 많다. 게다가 예결위는 상임위 위원이 50인 정도로 많고 질의시간도 충분하게 주는 편이라 자정을 넘겨 차수변경을 해서 계속 진행하는 경우도 있었다. 때문에 예결위는 해당 상임위에 내내 자리를 지키고 있기 쉽지가 않고, 본인의 발언 시간에 와서 국무위원(국무총리, 장관 등)을 상대로 질의를 하고 불가피하게 부랴부랴

원내정책수석 허영 의원. 헌법학자 동명이인 허영 교수님이 워낙 유명해서 의원님 얼굴을 잘못 알고 계신 분들이 많다.

나가는 경우도 많다.

그러나 허영 의원님은 특별한 사정이 없으면 자리를 지켰다. 이름이 'ㅎ'자라 나랑 옆자리여서 기억에 남아 있다. 자리에서 다른 당 의원님들이 질의하는 것들도 비판적으로 들었다가 항의도 하고, 국무위원 답변도 잘 들어보고 문제 삼기도 하고, 경청하기도 하고 그런 모습이 상당히 인상적이었다.

김병기 원내대표님이 허영 원내정책수석을 임명하시

면서 "민생법안 뿐 아니라, 추경편성 등 역할에 기대한다"고 발표하셨는데, 정책전문가인 허영 의원님을 겪어본 나로서는 그 말씀이 절대로 그냥 빈말이 아닌 것을 확신한다.

전투력 만렙,
그러나 따뜻한 국제전문가

강선우 국제위원장

강선우 의원은 미국 위스콘신대학교 메디슨캠퍼스 대학원에서 인간발달 및 가족학과 박사 학위를 받았고 사우스다코타주립대 교수 출신이다. 2020년 21대 국회의원이 된 나와는 입사동기인 셈이다. 21대 초선 여성 국회의원이라는 점 말고도 강선우 의원과는 공통점이 많았다. 78년생 동갑이라는 점, 딸이 둘 다 2003년생으로 일찍 엄마가 되었다는 점, 아이를 키우며 박사학위를 받았다는 점, 정치 입문 단계에서 지역 연고가 부족했다는 점 등등.

나이도 같고 딸 나이까지 같은 입사 동기 친구라서 통하는 점이 많아서였는지, 나는 가끔은 어디에서도 할 수 없는 얘기를 강선우 의원실에 가서 했다. 이에 누구보다 잘하고 있는 것 같던 선우는 나를 위해서인지, 자기도 쉽지 않다고 눈물을 보인 적도 있다. 그러면 나는 다시 씩씩하게 힘내서 의정활동을 하곤 했다. 선우는 누군가를 위해 늘 울어줄 준비가 된 친구이다. 선우는 그런 사람이다. 근데 나한테만 그런 게 아니라 모든 약한 사람한테 다 잘한다. 아래는 4년 전 기사다.

> SBS 기사를 우연히 읽고 그냥 "마음이 아파서" 대신 냈다는 얘기였습니다. "리어카에 폐지를 꽉 채우면 3천 원, 산처럼 쌓아 올리면 5천 원이라고 한다. 거기에 지적장애가 있는 분이라고 하셔서 대신 냈다"는 게 강 의원

---

22. SBS, 2021.6.5. [취재파일] 아우디 긁은 장애 노인, 벌금 내준 국회의원
https://v.daum.net/v/20210605091501307

2021년 강선우 의원과 함께 수목원에서

의 답변이었습니다.[22]

그렇다고 선우를 한없이 자애로운 순둥이로 보면 큰 코 다친다. 영어에 능통하고 글로벌 네트워크를 엄청나게 보유한데다 무엇보다 전투력 만렙이다. 아래는 유명한 "바이든 날리면" 논란에 대한 대정부 질의에 출동한 강선우 의원 3년 전 기사이다.

윤 대통령이 바이든과 환담 뒤 박진 외교부 장관에게

2022년 강선우 의원의 한덕수 총리에 대한 대정부 질의

"국회에서 이 새X(미 의회)들이 승인 안 해주면 바이든은 쪽팔려서 어떡하나"라고 발언한 것에 대해서도 야당의 질책이 거셌다. 이에 한 총리는 "(발언한) 영상에서는 바이든이 보이지 않는다"며 사적인 자리에서 한 발언이었음을 강조했다. 그는 "이런 것(발언)이 사실이라도 해도 저는 미국 측에서 문제로 생각하지 않으리라고 생각한다. 기본적으로 사적인 이야기이기 때문"이라고 말했다.

외교부장관이나 국가안보실장을 경질한 사안이 아니냐는 강선우 민주당 의원의 질의에 한 총리는 "경질까지 가야 하는지 지금은 판단이 되지 않는다"고 답했다. 총리

가 책임질 생각이 있느냐고 질문에는 "전혀 없다"고 불쾌감을 표현했다.[23]

나는 강선우 의원과 국회 여성가족위원회를 같은 시기에 했는데, 강선우 의원은 겸임상임위였던 여가위 활동을 정말 열정적으로 했다. 디지털 성범죄부터 위기청소년까지 여가위 레이더망에 있는 법안은 열심히 연구해서 발의하는 열혈 여가위원이었다. 몇 가지 예를 들면 아래와 같다.

온라인 플랫폼을 이용한 디지털성범죄를 근절하고, 디지털성범죄 수익을 몰수추징하기 위해 2건의 「성폭력범죄처벌법」 개정안을 비롯한 「보호관찰 등에 관한 법률」, 「정보통신망 이용법」, 「아동·청소년의 성보호에 관한 법률」 개정안 총 5건을 대표 발의했다.[24] 이번 개정안의 통과로 위기청소년 실태조사가 신설된다면 향후 가정 밖 청소년에

---

23. 이데일리, 2022.9.22. 野 외교참사 비판에 "이게 왜 참사인가" 불쾌감
  https://naver.me/xAW5Q50R
24. 열린정책뉴스, 2022.6.15. 강선우 의원, 메타버스 등 디지털 성범죄 근절 5법 대표발의
  https://www.opengo.center/news/articleView.html?idxno=11096

대한 보호 및 지원이 강화될 것으로 기대된다.[25]

사실 선우가 더 멋진 건, 딸 같은 아이들을 위해 세상을 바꾸고 싶은 엄마이기 때문이다. 강선우 의원은 발달장애가 있는 자녀를 둔 학자 출신 정치인이다. 발달장애 아동을 키울 수 있는 선진 시스템을 한국에도 도입하기 위해 정치에 도전했다고 밝힌 바 있다.

강선우 의원은 여성가족부 장관 후보직을 사퇴하고 2025년 9월부터는 국회 보건복지위원회에서 외교통일위원회로 옮겨 새로운 여정을 시작했다. 선우는 페이스북을 통해 "이재명 대통령께서 사임하신 후 공석이었던 외통위원 자리로 보임하게 됐다"고 밝히며, 장애인, 의료취약계층, 학대 피해 아동 등을 언급하면서 "보건복지위원으로서의 날들은 그 얼굴들, 그 삶들, 그 고통과 '연대'하려 발버둥 쳤던 시간이었다"고 했다.

---

25. 〈신아일보〉, 2022.12.9. 강선우 의원 대표발의 '위기청소년 실태조사법' 등 총 3건 국회 본회의 통과
https://www.shinailbo.co.kr/news/articleView.html?idxno=1634660

또 "외교도 결국 사람이 하는 일이고 국익을 지키려면 마음을 얻어야 한다"는 이 대통령이 했던 말을 인용하며 "국제사회에 말을 걸고, 마음을 얻는 외교에 제 진심과 최선을 다하겠다"고 덧붙였다. 진정성과 국제 전문가로서의 전문성을 갖추고 있는 강선우의 또 다른 시즌2가 기대된다. 어려운 시간을 이겨낸 강선우의 내일을 응원한다.

○

실력 있고, 사람들이 좋아하면
잘 되는 것 같다

울릉도 모임

오랜만에 21대 국회 울릉도 모임 의원들과 즐거운 자리를 가졌다. 이 모임은 4년 전 갑자기 번개로 울릉도에 놀러간 인연으로 꾸준히 함께해온 초선의원 모임으로, 나보다 젊은 의원들이 3명이나 있는 70년대 80년대 생 의원들의 모임이다.

21대 민주당 의원들은 2022년 대선에서 0.73%p 차이

2022년 독도를 방문해서 "독도는 우리 땅"을 외친 울릉도 모임 국회의원들.

로 패배하고, 지방선거에서 크게 지고 난 뒤 고통스러운 시간을 보냈다. 그러던 어느 날 국토위원회에 있었던 조오섭, 허영, 천준호, 박상혁, 장경태 의원이 주축이 되어 바다 건너 울릉도에 가서 기분전환을 하자고 제안했다. 그래서 복지위 고민정, 신현영, 행안위 오영환, 산자위 홍정민을 끼워서 함께 울릉도로 출발했다. (다만 신현영 의원은 전날 모두에게 멀미약을 챙겨줬지만, 막상 당일 늦잠을 자서 기차를 놓치는 바

독도에 도착한 직후 단체 사진

람에 울릉도에 못 갔다.) 8명의 국회의원은 울릉도뿐만 아니라 독도까지 가서 태극기를 휘날리며 "독도는 우리 땅"을 외쳐보기도 했다.

모두 70년대, 80년대 생 젊은 의원들이라 격의 없이 친했었고, 울릉도에 다녀오며 배멀미도 공유한 사이라 뭔가 고민 있을 때 편하게 상의도 하고 정치적으로 이견이 있을 때는 논쟁도 하는 사이가 되어갔다. 그리고 울릉도 다녀올 때만 해도 아니었는데, 그 뒤에 21대 국회에서 고민정, 장경태 의원은 최고위원이 되었고, 천준호 의원은 이재명 당 대

울릉도 갈대밭에서 찍은 셀카

표 비서실장, 전략기획위원장이 되었다. 22대 국회에서 허영, 박상혁 의원은 원내수석에 임명되었고, 조오섭 의원은 현재 국회의장 비서실장이다. 실력 있고, 사람들이 좋아하는 분들은 잘 되는 것 같다.

⟨Special Thanks to 울릉도 모임⟩

최근의 울릉도 모임은 내가 미국에 방문연구를 다녀오고 법무법인에 합류한다고 오랜만에 얼굴 봐서인지, 모두들 너무나 반가워 해줘서 정말 고마웠다.

조오섭: 언제든 말만 해, 소고기 사줄게.
천준호: 얼굴 좋아져서 참 좋다. 개업식 꼬~옥 해야 돼, 완전 동원해서 다 데려갈게.
고민정: (어디서 투게더 아이스크림 사오더니) 투게더 같이 먹으면 이제부터 가족인 거다.

2025년 7월 모임 사진

#조오섭 #허영 #천준호 #박상혁 #홍정민 #고민정 #신현영 #장경태 (이상 나이 순)

내가 이 사진과 함께 페이스북에 올린 울릉도 모임에 관한 글은 기사화까지 되었다.[26]

늘 나를 과대평가해 주시고 응원해주시는 허영 의원님, 차편 애매할 때마다 차 태워주시면서 조언 많이 해주시는 박상혁 의원님, 5년 넘게 나에게 연락을 가장 많이 해준 다정의 여왕 신현영, 내가 그동안 맡은 당직의 50%를 추천해서 내가 당에 자리 잡게 도와 준 의리동생 장경태. 국회의원 임기 동안에도, 임기를 마친 지 1년 넘은 지금까지도 너무나 고맙다는 말을 미처 전하지 못해서 이렇게라도 몇 자 남긴다.

---

26. 파이낸스뉴스, 2025.7.14. 홍정민 前 의원 "실력 있고 사람들이 좋아하면 잘 되는 것 같다"
https://www.fnnews1.com/news/articleView.html?idxno=104248&fbclid=IwY2xjawM0_GpleHRuA2FlbQIxMAB-icmlkETFmcWhiVmxXSWFrZFhXR0txAR4Bw2zbxBUfhHp-p59GaaO3ofWw3l5wuPwZH81aV3puugZicaEEKGL8eCup9Tw_aem_FPAACbTO_9L_tPB5WjrJ8g

4장

계엄과 탄핵 과정에서 기억하고 싶은 사람들

김형두 헌재소장 권한대행 · 김정욱 대한변호사협회 회장
· 정요섭 아르떼숲 관장

○

윤석열 파면선고의 주역인
공판중심주의자

김형두 헌법재판소 재판관

윤석열 전 대통령은 피의자 신분으로는 처음으로 2025년 6월 28일 오전 10시에 검찰청사에서 조사를 받게 되었다. 피의자는 특수공무집행방해와 대통령경호법상 직권남용 교사혐의를 받고 있는 만큼, 내란특검은 체포영장 저지와 비화폰 관련 정보 삭제 지시 혐의를 비롯해 비상계엄 전후로 열린 국무회의 상황을 확인할 방침이라고 밝혔다.[27]

윤 전 대통령이 이처럼 내란, 외환죄 이외에도 모든 형사범죄 혐의로 수사받고 기소될 수 있는 것은 헌법 제84조 대통령의 불소추 특권이 더 이상 적용되지 않기 때문이다. 그리고 이는 헌법재판소가 지난 4월 4일 윤 전 대통령의 탄핵을 만장일치로 인용한 날부터 가능했다. 12·3 비상계엄으로 헌법을 위반하고 민주주의를 파괴한 대통령에 대해 시민들이 광장에서 4개월 동안이나 위대한 민주주의의 힘을 보여준 결과이기도 하다.

"주문, 피청구인 대통령 윤석열을 파면한다." 당시 문형배 헌법재판소장 권한대행이 헌재 결정문을 낭독하고 일어서서 나가며 김형두 헌법재판관의 어깨를 툭툭 두드리는 모습이 방송 화면에 잡혀 화제가 되기도 했다. 문형배 권한대행은 왜 김형두 재판관에게 그랬던 것일까?

김형두 재판관은 헌법재판소에서 열린 탄핵 재판 방송을 지켜보던 국민들에게 깊은 인상을 남긴 화제의 주인공

---

27. 연합뉴스TV, 2025.6.28. 잠시 뒤 尹 출석…특검 "지하 출입은 허용 불가"
https://v.daum.net/v/20250628082944397

2025년 4월 4일 윤석열 파면 선고 후 화제가 된 장면. (출처: 방송 캡처)

이 되었다. 17번의 증인 신문 과정에서 12번 신문에 나선 그는 재판에 출석한 증인들에게 가장 많은 질문을 한 재판관이었다. 계엄에 깊숙이 관여한 김용현 전 국방부 장관과 이진우 전 수도방위사령관, 여인형 전 국군방첩사령관, 곽종근 전 특수전사령관 등 계엄군 수뇌부 전원에게 중요한 질문을 던졌다.

국회 내 계엄군 투입 이전 논의 과정, 구체적인 지시 이행 과정 등 계엄 전후 사정에 대해 낱낱이 따져가면서 김형두 재판관은 부드럽지만 예리하게 질문을 이어나갔고 김용현 전 장관에 대한 질의 도중, 윤석열 대통령이 직접 나서

동조하는 모습을 보이자 제지하는 단호함을 보여주었다.[28]

김형두 재판관이 화제가 된 이유는 증인들에게 질문을 하며 나름의 '빌드업' 화법으로 증인들의 허를 찌르는 모습이 공개되었기 때문이다. 김 재판관은 증인의 처지에 공감하며 질문을 시작하기도 했다. 줄곧 진술을 거부한 이진우 수방사령관에게는 당사자와 부하들의 '억울함'을 건드렸다. 그러다가도 결정적 순간에는 증인들의 허를 찔렀다.

4차 변론기일에 출석한 김용현 전 국방부 장관에게 비상 입법기구 쪽지를 보여주며 직접 작성했는지를 물었다. 이어 김 재판관은 "(쪽지) 아래에 보면 국회 임금과 지원금 등 자금을 완전히 차단한다는 내용이 있다. 증인이 말한 입법을 하려면 결국 국회가 해야 하는데, 이건 국회를 정지시키겠다는 게 아닌가"라고 꼬집었다.[29]

---

28. 〈뉴스1〉, 2025.4.2. 尹탄핵심판 돌아보니…김형두·정형식 집중 질의
https://www.news1.kr/society/court-prosecution/5740055
29. 뉴스1, 2025.3.6. '빌드업 화법' 김형두, 136분간 13명의 진실 물었다
https://www.news1.kr/society/court-prosecution/5708680

김형두 헌법재판관이 탄핵심판 과정에서 공개적으로 많은 국민이 납득할 수 있도록 위헌적·위법적 사실관계를 잘 밝힐 수 있었던 것은 스스로 공판중심주의자로서 오랜 시간 숙련된 전문가였기 때문이다. 2010년 '한명숙에 무죄 선고한 김형두 부장판사'라는 기사를 보면, 당시 김형두 재판관은 이론과 실무를 겸비하고 있는 철저한 공판중심주의자로 평가되고 있음을 알 수 있다.

  그는 집중심리를 택한 탓에 지난 한 달 거의 매일 자정을 넘겨 퇴근했지만 미소를 잃지 않고 검찰과 변호인의 대립 상황을 나름의 방식으로 중재하며 재판을 이끌었다. 김형두 부장판사는 한명숙 전 총리의 체포영장과 한명숙 전 총리에게 뇌물을 준 것으로 지목된 곽영욱 전 대한통운 사장의 구속영장을 발부한 당사자이기도 하다.

  법정에 제출되는 주요 증거를 실물투사기에 올려놓고 보여주거나 재판 중에 증언의 뉘앙스를 살려 손수 속기 내용을 바로잡아 당사자에게 확인시키는 등 공개재판의 원칙을 구현하려 애썼다는 평가가 나온다.[30]

나와 김형두 헌법재판관님과의 인연은, 재판관님이 2021년경 법원행정처 차장으로 근무하실 때로 거슬러 올라간다. 당시 김형두 차장님은 작은 사안에도 귀 기울여 준 유일한 법원행정처 관계자였다.

나는 21대 국회의원 당선 후 제1호 법안으로 '고양지법 승격법'(「각급 법원의 설치와 관할구역에 관한 법률」)을 발의했다. 이유는 2021년도 고양지원의 관할 인구는 전국 지법들과 비교해도 11위(156만 명)로 울산지법(147만 명)보다 많고, 본안 접수사건 수는 14위(1만 7300건)로 창원지법(1만 4732건)보다 많았기 때문이다. 그런데도 '지법'이 아닌 '지원'이기에 항소심, 행정, 도산 재판 등을 신청할 수가 없다. 따라서 고양·파주 시민들은 해당 업무가 있을 경우 의정부지방법원까지 가야 한다.

자가용 운행자들은 그나마 낫지만, 대중교통밖에 선택할 수 없는 사람들은 경우에 따라서 의정부까지 오가는 데 왕복 4시간이 걸린다. 법원에서의 대기시간까지 생각하면

---

30. 연합뉴스, 2010.4.9. "한명숙에 무죄 선고한 김형두 부장판사"
   https://naver.me/xOf8YSid

거의 하루 전체를 허비해야 한다.[31]

이 문제를 해결하고자, 법안 발의뿐 아니라 법무부 차관(행정부), 법원행정처(사법부), 법사위 1소위 의원님들(입법부), 국회 사무처 전문위원분들 모두를 만나 호소했지만, 가장 긍정적인 관심을 보여준 분은 법원행정처 차장이었던 김형두 차장님이었다. 고양지법 승격의 이론적 근거와 최소 필요 예산, 지법 승격 시 경기북부 사건 배분 시뮬레이션, 장애 사유 등을 여러 데이터를 통해 검토보고서를 보내주셨다. 그게 고맙기도 하고 여기가 유일한 가능성이라고 생각해서 2021년부터 행정처에서 나오실 때까지 틈날 때마다 김형두 차장님을 괴롭히며(?) 쫓아다녔다.

그러다가 친해져서 알게 된 놀라운 사실은, 이분이 우리나라 채무자회생법제를 만든 초기 멤버이자 현재도 도산법, 회사법 분야의 전문가라는 것이었다. 나는 도산전문 변호사로 도산법 분야로는 이론이나 실무 쪽으로 공부나 관련사건을 많이 했기에 놀랍고도 반가운 심정이었다.

IMF는 외환위기가 닥친 한국 정부에 구제금융을 대가로 "3개월 안에 통합도산법을 만들라"고 주문했다. 빠르고 효율적으로 부실기업을 정리하라는 게 요지였다. IMF가 내건 또 다른 조건은 구제금융의 일정액을 국내 도산 전문가를 양성하고 해외 선진 제도를 도입하는 데 쓰라는 것이었다. 그에 따라 2000년 세계은행(IBRD) '기술지원차관(TAL·Technical Assistance Loan)'로 판·검사 10여 명이 미국의 도산제도를 배우기 위해 연수를 떠났다. 이들은 미국 조지워싱턴대 컬럼비아대, 뉴욕대 등 유수 대학에서 객원연구원 신분으로 짧게는 3개월, 길게는 1년간 머물며 연방파산법원과 현지 로펌 등을 경험했다. 김형두 재판관도 연구원으로 발탁되어 컬럼비아대에서 연수를 받았다.

한국에 돌아온 이들은 다양한 방식으로 국내 도산제도에 기여했다. 김형두 사법정책연구원 수석연구위원과 서경환 서울고법 부장판사는 각각 통합도산법과 개인채무자회생법을 만드는 작업에 참여했다.[32] 더 놀라운 점은 김형두 재판관은 국가가 보내준 미국 연수의 감사한 기회를 계

---

31. 고양신문, 2022.12.1. 홍정민 의원 "고양지법 승격은 약자층 사법접근성 위한 것"
https://m.blog.naver.com/waytohong/222943236533
32. 〈매일경제〉, 2016.8.2. IMF구제금융 대가로 태어난 도산법…기업회생 백기사로 주목
https://m.mk.co.kr/news/special-edition/7451039

속 유지하고 보답하기 위해, 2000년 6개월 동안 미국에 다녀온 뒤로 영어학원을 등록하고 매일 아침 CNN을 들으며 20년 넘게 영어 감을 유지해왔다고 한다. 그래서 지금은 정말 영어를 잘하신다. 최신 시사 어려운 어휘도 모두 듣고 말할 수 있는 수준이다.

김형두 재판관에게는 헌법재판관 인사청문회를 통해 공개된 아픈 가족사가 있다. 김 재판관은 2023년 3월, 인사청문회 모두발언에서 "유난히도 잘생기고 순한 아이였던 둘째가 자폐 진단을 받고 나서 우리 가족의 생활은 송두리째 바뀌었다. 저희 부부는 자고 싶을 때 마음대로 잘 수 없고 쉬고 싶을 때 편히 쉴 수가 없으며 둘째랑 같이 외출을 하면 다른 사람들로부터 특별한 시선을 받아야 하는 고단한 처지가 되었다"라고 밝혀 많은 이들을 놀라게 했다. 이어 "지금도 제 처와 저의 몸에는 둘째로부터 꼬집히거나 물려서 생긴 상처 그리고 흉터가 남아 있다"고 하면서 "하루 종일 둘째를 돌봐야 하는 힘겹고 고단한 생활은 지금도 계속되고 있지만, 이런 경험을 통해 내 처지가 어렵더라도 더 어려운 사람들을 도와가면서 살아야 한다는 생각을 갖게 했다"고 생각을 밝혔다.

약 10분간 이어진 모두발언에서 김 재판관은 이따금 감정이 북받친 듯 말을 멈췄고, 이날 인사청문회는 생중계되었다. 김 재판관은 후에 언론을 통해, 자폐아를 비롯한 사회적 약자에 대한 국회의 관심을, 국민 앞에서 촉구하고 싶었다고 전했다. 김 재판관님은 헌법재판관 취임식에서 "다수결의 원칙이 지배하는 민주주의 사회에서 소수자, 약자의 인권이 보호되는 사회를 이뤄나가는 데 혼신의 노력을 다하겠다"고 밝혔는데, 그동안 옆에서 지켜봐왔던 재판관님을 떠올려보면 나는 이 말이 정말 진심이라는 것을 안다.

법조3륜,
대한변협회장의 사법개혁 철학

김정욱 대한변호사협회 회장

법조계에는 법조삼륜(法曹三輪)이라는 표현이 있다. 잘 알려지지 않기도 하고 권위적인 표현이라 하여 잘 사용되지 않지만, 이는 재판에서 기본이 되는 판사, 검사, 변호사를 일컫는 말로, 이 삼자가 세 개의 수레바퀴가 되어 법조라는 마차를 떠받치며 이를 운행해 나간다는 것을 의미한다.

그런데 법조삼륜이라는 표현이 지난 12·3 계엄 직후 모처럼 긍정적인 표현으로 언론에서 사용되었다. "법조계의 세 축으로 꼽히는 판사, 검사, 변호사가 모두 윤석열 대통령의 '비상계엄'을 두고 "위법하다"며 비판의 목소리를 냈기 때문이다. 대한변호사협회(변협)는 비상계엄이 선포된 직후 "윤석열 대통령은 헌정질서를 파괴하는 위헌적인 비상계엄을 해제하라"며 성명서를 냈다. 또 4일 긴급 기자회견을 열고 "국회가 기능을 되찾아 대통령이 비상계엄을 해제한 점은 그나마 다행이지만 위헌적인 선포 행위가 면제되는 것은 아니기에 대통령이 임기를 다하는 것은 불가능하다"는 성명을 발표했다.[33]

대한변호사협회는 변호사들로 구성된 공식 협회인데, 한국법조인대관은 '대한민국에서 시행하는 사법시험 및 변호사 시험에 합격한 후 변호사 등록 자격을 가진 모든 법조인'을 등재 대상자로 정의하고 있다. 특히 조직 안에 있는 판사, 검사보다는 목소리를 내기에 훨씬 자유로운 변

---

33. 〈파이낸셜뉴스〉, 2024.12.5. 판사·검사·변호사 '법조 3륜' 모두 한목소리…"비상계엄=위법" https://naver.me/5ZJqzZrm

김정욱 신임 대한변호사협회장 당선인이 국회 민주당 당 대표실을 방문해 이재명 당 대표와 인사를 나누고 있다. 2025.2.10. (사진 출처: 연합뉴스)

협에서, 법률전문가로서 정확한 헌법적 의미를 짚는 성명을 낸 점에 대해 나는 변협이 법조인으로서의 최소한의 공적 책무를 이행한 것으로 보고 매우 긍정적으로 평가한다.

대한변호사협회는 12·3 계엄 직후, '비상계엄은 위헌적이니 대통령은 해제하라'는 단체성명을 발표했고, 12월 4일 계엄해제 직후에는 '위헌적 비상계엄을 선포한 대통령은 임기를 다할 수 없다'는 기자회견을 했다. 이는 지금 생각해 보면 쉬워 보일 수도 있지만, 계엄의 밤에 지체없이 용기를 내어 국회로 움직여준 시민분들과 똑같은 마음으로 변호사들도 용기 있게 나서준 것이다.

2025년 여름, 상문고와 서울고 79년생 모임에 초대받아 함께 자리한 적이 있다. 나는 모임 회장님의 초대를 받아 참석했었는데, 그 모임에 최근 당선된 대한변호사협회 김정욱 신임회장님이 오셨다. 나는 변협 회장님도 상문고나 서울고 출신이냐고 물어봤더니, 본인은 과천고를 나왔는데 79년생은 맞고 상문고 79년생 회장과 무척 친해서 한참 전부터 이 모임에 기꺼이 참석하고 있다고 했다. 덕분에 사석에서 대한변협 회장님과 긴 얘기를 나누게 되었다.

내가 만난 김정욱 대한변협회장은 올해 2월에 당선되어 앞으로 3년 동안 회장직에 있게 된다. 이재명 대통령님이 민주당 당대표이셨던 시절, 김정욱 당선인을 축하하며 김정욱 변협회장 후보시절 공약에 대해 긍정적으로 받아들이셨고, 나아가 대선공약으로까지 삼으셨다.[34]

---

34. 〈뉴스1〉, 2025.2.10. 이재명 "검찰, 변호사 압수수색 많아 황당…사법제도 망가뜨려"
https://www.news1.kr/politics/assembly/5685057

이재명 더불어민주당대표는 2025년 2월 10일, 서울 여의도 국회에서 김정욱 신임 대한변호사협회장 당선인을 접견했다. 이 대표는 "검찰이 변호사가 의뢰인과 한 면담 기록을 압수하고, 심지어 변호사 의견서를 압수수색 해 의뢰인의 방어 행위를 사실상 불가능하게 만들면 안 된다"며 "이는 국민의 인권을 침해하는 행위"라고 언급하셨다.

김정욱 당선인은 이에 "수사 절차에 있어 변호인의 비밀 유지권(ACP제도)로 얘기가 되지만 사실 변호인에게 상의한 국민이 비밀을 유지받을 권리"라며 "관련 제도 보완은 앞으로 변호사 중심의 수사 절차 개선에 있어서 반드시 필요한 부분"이라고 강조했다.

'변호사와 의뢰인 간 비밀 유지권(Attorney-Client Privilege, ACP)'은 법률 자문을 구하거나 제공할 목적으로 이뤄지는 변호사와 의뢰인 간의 소통 내용을 보호하는 법적 원칙이다. 해외에서는 수사기관이 실수로라도 변호사-의뢰인 간 자료를 입수할 경우 법원이 이를 증거로 인정하지 않는다. 대한변호사협회에 따르면 경제협력개발기구(OECD) 36개 회원국 중 ACP가 없는 국가는 한국이 유일하다. 미국

2025년 7월 모임에서 동석한 김정욱 대한변협회장

에서는 ACP가 연방 및 주 차원에서 보호되며, 법원도 이를 엄격히 적용하고 있다.

모임의 본래 취지는 사교적 즐거운 자리였지만, 나는 이 모임에서 김정욱 회장님께 "회장님의 앞으로의 임기 약 3년은 대한민국에도 법조 분야 개혁에도 정말 중요한 시기"라고 말씀드렸다. 나는 "여야가 극한 대립을 하고, 검찰이나 사법부는 나름의 조직 논리가 있을 수 있다. 그리고 무엇보다 아무리 좋은 취지의 제도도 현장에서 이해가 부족하거나, 반감이 크거나, 취지대로 운용되지 못한다면 변화는 쉽지 않다. 회장님께서 법조삼륜에 걸맞게 특정 정당으로부터도 중립적으로, 검찰이나 사법부로부터도 중립적으로 오직 국민에게 도움이 되는 방향 여부만을 기준으로 중심을 잡고 적극적으로 의견표명을 하셨으면 좋겠다"고 검찰개혁 및 사법개혁에 관하여 감히 제언을 드렸다.

뜻밖에 회장님은 본인은 변협회장 재선 생각도 없고 선출직 출마 생각도 없다며, 모든 사안을 완전히 공정하게 보고, 필요하면 변협 내 기구도 설치할 수도 있다고 답했다. 그리고 본인은 원래 어느 사안이건 입장을 강경하게 내는 스타일이라고 답했다. (그래서 젊은 나이에 이 자리에 오게 된 것 같은 건 내 느낌이다.)

대한변협에서도 대한민국 법조인들의 대표성을 갖고, 검찰개혁과 사법개혁이 잘 추진될 수 있도록 의견을 주고 협조를 해주기를 희망하는 바이다.

○

김장하 선생님 전시와
계엄 1주년 기념전시

정요섭 아르떼숲 관장

헌법재판소장 권한대행으로 윤석열 파면 선고를 전원일치로 합의로 이끌어 내고 얼마 전 임기를 마치신 문형배 소장님과 김장하 선생님과의 관계가 조명되며 언론의 화제가 되었다. 평소 말이 없으신 김장하 선생님은 당시 4개월 가까이 탄핵 심판이 길어지고 선고가 지연되면서 문형배 소장님께 2번이나 전화하셨다고 한다.

2025년 7월, 어른 김장하 전시회에서, 제일
왼쪽이 정요섭 관장님이다.

전화해서는 "잘 지내냐"라고만 물으셨는데, 문형배 소장님은 그 뜻을 '선고가 늦어져서 김장하 선생님도 애타게 기다리시는구나'라고 이해하셨다고 한다. 마침 올해 7월 26일 인사동 아르떼숲 갤러리에서 평소 존경하던 김장하 선생님 전시회가 있어 다녀오게 되었다. 아주 특별한 사람 김장하의 '어른 김장하 담다, 닮다', 특별한 전시회.

김장하 한약사는 열아홉 살에 한약업사 자격증을 따서 1963년 고향 사천에서 한약방을 개업한 뒤, 10년 후 진주로 이전해 '남성당한약방'을 50년간 운영했다고 한다. 한약방은 전국 한약방 중에서 세금을 가장 많이 내는 한약방이 되었다.

김장하 선생님은 20대부터 가난한 학생들에게 남몰래 장학금을 주기 시작해, 40대에 100억 원이 넘는 돈을 투자해 명신고등학교를 세우고, 이를 나라에 헌납하셨다. 그리고 30억 원이 넘는 재산을 국립 경상대학교에 기부했고, 진주의 사회, 문화, 역사, 예술, 여성, 노동, 인권단체들을 지원하셨다고 한다.

전시회를 하는 갤러리에는 김장하 선생님 일대기를 기록한 책 제목 《줬으면 그만이지》를 주제로 한 작품이 많이 걸려 있었다. 정요섭 관장님께서 여유 있는 모습으로 김장하 선생님을 상징하거나 관련된 작품 하나하나를 설명해 주셨다. 김장하 선생님만큼이나 훌륭한 작가님들의 스토리를 듣고 작품을 보며 존경의 마음이 절로 우러나왔다. 이 사회에 이런 분들이 계시기에 아직도 세상은 살 만한 것이 아닐까.

나는 정요섭 관장님과의 인연으로 12·3 계엄 1주년을 기억하고 기념하기 위해, 국회에서 경계할 계를 써서 '계(戒) 조심전展' 전시를 준비하고 있다.

'계(戒) 조심전展'

1. 전시 개요
- 전시명: 계엄 1년_ 우리는 무엇을 경계해야 할까?
- 기간: 2025년 12월 1일(월) ~ 12월 30일(화)
- 장소: 국회 의원회관
- 참여 작가: 박형필(설치미술가)

2. 전시 취지
2024년 12월 3일, 대한민국의 헌정질서는 대통령의 불법적인 계엄 선포로 중대한 위기를 맞았었다. 그러나 시민들의 저항과 국회의 노력으로 민주주의를 지켜낼 수 있었다. 그로부터 1년이 되는 2025년 12월 3일, 우리는 다시 묻는다.

"민주주의를 지켜내기 위해 우리가 戒(경계)해야 할 것은 무엇인가?"

"헌정질서를 위협하는 힘 앞에서 시민과 예술은 어떤 역할을 해야 하는가?"

이번 전시는 戒嚴(계엄)의 戒를 따서 '戒조심展'이라 명명한다. 이는 과거의 계엄 선포를 기억하는 동시에, 앞으로의 민주주의를 위해 우리가 스스로 경계하고 지켜야 할 것들을 예술로써 환기하려는 시도이다.

3. 전시 내용
- 작품 형태: 박형필 작가의 개 형상 조각
- 작품 주제: 불법 계엄으로 내란을 획책한 저들을 개(犬)로 표현(개들아. 미안해)해서 억압과 경계, 기억과 저항을 담아냄
- 전시 구성: 계엄 1년의 기억을 상징화한 조각 작품

시민들이 직접 참여할 수 있는 '戒메시지 보드' – "우리가 지켜야 할戒는 무엇인가?"를 주제로 관람객이 의견을 남기도록 함

4. 기대 효과
국회 공간에서 진행되는 전시를 통해 민주주의 수호

와 계엄 불법성에 대한 사회적 환기, 시민, 예술가, 정치가가 함께하는 장을 마련해 예술의 사회적 역할을 재조명

'戒조심展'을 통해 헌법과 민주주의의 소중함을 다시금 새기고, 향후 민주적 공동체를 위한 시민적·정치적 실천의 동력을 마련

2024년 12월 3일 불법비상계엄이 일어난 지 벌써 1년이 흘렀다. 전시회를 준비하며 지난 1년을 돌이켜보았다. 빛의 혁명으로 탄핵이 이루어졌고 조기 대선으로 이재명 국민주권정부를 맞이했다. 어수선한 국제 정세, 어려운 경제, 사회적 갈등, 쉬운 것은 하나도 없다. 그러나 우리 사회 곳곳에서 유능하고 선의에 찬 사람들이 제자리를 찾아 일하고 있기에 우리의 삶은 달라질 것이고 나의 길도 달라지지 않을까 하는 희망을 가슴 한편에 품어본다.

대한민국 코너스톤
홍정민이 만난 이재명의 사람들

초판 1쇄 2025년 12월 3일

지은이 홍정민
펴낸이 김현종
기획총괄 배소라 **출판본부장** 안형태
편집 최세정 진용주 황정원 김수진 장진경
디자인 이미경 **마케팅** 김예리 신잉걸
미디어·경영지원본부 정태준 문상철 이주리 백범선 박윤수 남궁주철

펴낸곳 (주)메디치미디어
출판등록 2008년 8월 20일 제300-2008-76호
주소 서울특별시 중구 중림로7길 4, 지하 1층
전화 02-735-3308 **팩스** 02-73-3309
이메일 medici@medicimedia.co.kr **홈페이지** medicimedia.co.kr
페이스북 medicimedia **인스타그램** medicimedia
유튜브 medici_media

ⓒ 홍정민, 2025
ISBN 979-11-5706-507-3 (03340)

이 책에 실린 글과 이미지의 무단 전재·복제를 금합니다.
이 책 내용의 전부 또는 일부를 재사용하려면 반드시 출판사의 동의를 받아야 합니다.
파본은 구입처에서 교환해드립니다.